思想觀念的帶動者
文化現象的觀察者
本土經驗的整理者
生命故事的關懷者

Psychotherapy

探訪幽微的心靈，如同潛越曲折逶迤的河流
面對無法預期的彎道或風景，時而煙波浩渺，時而萬壑爭流
留下無數廓清、洗滌或抉擇的痕跡
只為尋獲真實自我的洞天福地

精神分析的哲學和
臨床雙維度

體驗的世界

WORLDS OF
EXPERIENCE

後 佛 洛 伊 德 時 代 重 量 級 精 神 分 析 著 作

Interweaving Philosophical
and Clinical Dimensions in Psychoanalysis

Robert D. Stolorow
羅伯・史托羅洛

George E. Atwood
喬治・艾特伍

Donna M. Orange
唐娜・奧蘭治

吳佳佳———譯

各界讚譽推薦

　　自體心理學的後寇哈特時代的發展，主要有二，其一，就是羅伯‧史托羅洛、喬治‧艾特伍、唐娜、奧蘭治、伯納‧布蘭洽夫特（Bernard Brandchaft）等人完成的互為主體性理論，其二，就是霍華‧巴卡爾（Howard Bacal）提出的特異性理論（specificity theory）。前者，回到現象學的傳統，改寫了精神分析；後者，則屬臨床理論。兩者，都與當今顯學，關係學派精神分析（relational psychoanalysis），有深刻交集和對話。

張凱理

台齡身心診所主治醫師

　　這本書可以擴展一個臨床家看待臨床現象的視角、對工作的省思，也為診療室裡的哲學議題與現象提供了更豐饒的思想基礎。因為對一個人體驗到的環境的重視，書中故事引人入勝，值得一讀！

林俐伶

精神分析師、國際精神分析學會及美國精神分析學會會員

秋隱精神分析工作室負責人

　　一部清晰、精煉、深刻的著作……依循舊作《雲中的臉龐》一貫傳統，其中揭露了有害的「孤立心靈」思維模式之源起，《體驗的世界》這本傑出的作品包含了作者們對笛卡兒心理傳記式取徑充滿洞見的運用；接著作者們對此一觀念的歷久不衰追本溯源，不僅檢視了佛洛伊德以及古典精神分析，還論及其在寇哈特、人際取向傳統，以及當代的關係學派思維中的遺緒；本書結尾則對精神病性和創傷狀態，提出他們深具啟發性的運用架構。每一位對精神分析理論和實務抱持嚴肅興趣的人，本書是**必不可少**的讀物。

路易・布雷格博士（Louis Breger, Ph.D.）

《佛洛伊德：視域之中的黑暗》

（*Freud: Darkness in the Midst of Vision*）作者

　　在這部重要的著作中，作者們將我們因某種方式而被限縮了的體驗，以他們的視角擴展和重新脈絡化，並且提供了額外的治療性影響，讓一度因被視為心理發展上有所損傷而被摒棄在一旁的人們，得以重新捕捉他們性格的各個面向，以及其鮮活的體驗。**一個卓越的貢獻。**

保羅・沃許泰博士（Paul L. Wachtel, Ph.D.）

紐約市立大學臨床心理學特聘教授

　　了不起的成就……《體驗的世界》為當代哲學和精神分析各自的創造性發展兩者間的巨大鴻溝，搭起了一座橋梁。不過對於執業的分析師更為重要的是，這本書喚起了我們對於情感、脈絡以及視角的重要性的意識，在互為主體性系統下病人和分析師──事實上，是我們所有人──生活之所在。

約瑟夫・李希登堡醫師（Joseph Lichtenberg, M.D.）

《精神分析的探問》期刊（*Psychoanalytic Inquiry*）總編輯

　　這本臨床小書完美地闡述了笛卡兒主義與互為主體系統對心靈的觀點之治療性意涵的對比。為作者群揭露了當前流行的投射性認同概念背後隱藏的笛卡兒式假設大聲喝采。

瑪西亞・卡維爾博士（Marcia Cavell, Ph.D.）

《精神分析式的心靈：從佛洛伊德到哲學》

（*The Psychoanalytic Mind: From Freud to Philosophy*）作者

目次

【推薦序一】以更開放的態度，傾聽案主的語言和自己的聲音

　　互為主體性學派是當代自體心理學、互為主體性學派、關係精神分析的重要基礎，也是當代精神分析前沿觀點的集群。互為主體性學派創始人史托羅洛（Robert D. Stolorow）和艾特伍（George E. Atwood）共同創作的《體驗的世界》（*Worlds of Experience*）則是該學派十分重要的基石性著作，它清晰地表達了互為主體性學派在西方哲學維度與臨床精神分析維度上的立場與觀點。

　　互為主體性的思想源自現象學家胡塞爾的貢獻，史托羅洛和艾特伍借助寇哈特（Heinz Kohut）自體心理學的發展，將現象學的互為主體性觀點發展為互為主體性精神分析。在《體驗的世界》之前，史托羅洛和艾特伍創作了《雲中的臉龐》和《精神分析現象學》兩部著作，來闡述他們關於臨床精神分析中雙向互動的互為主體性思想，但並沒有十分完整地闡明圓滿其中的意義；《體驗的世界》則在那兩部作品的基礎上進一步發展，我覺得其思想的完整度在本書中得以充分展示。

　　但正如互為主體性精神分析所闡述的，我們表達和存有的觀點一定是受到情景[1]的約束和影響，而生成變化著的，《體驗的世界》也是情景的產物。在本書中，史托羅洛和艾特伍在西方當

1　　編註：本文中所指稱的「情景」、「情景主義」，在繁體中文版中多譯為「脈絡」、「脈絡主義」。

代心理治療和社會文化的情景下，對西方近代哲學之父笛卡兒開足了批評的火力，這在亞洲社會是不太容易被理解和感受的，這就是情景主義。對於史托羅洛和艾特伍所批評的笛卡兒的孤獨的心靈，華人並沒有西方現代社會那種切身的感受。所以在閱讀本書時，讀者完全沒有必要被這一火力所吸引（這甚至可能會引起讀者一定程度上對本書價值的誤解，有些對史托羅洛的批評也是從這裡發生的），反而需要降低自己對此的注意。讀者需要關注史托羅洛和艾特伍對臨床過程中，來訪者和心理諮商師之間無法避免的交互影響以及因此產生的體驗變化的議題，如此一來，就一定可以發現史托羅洛和艾特伍的互為主體性思想對中國的心理諮商師的意義所在，甚至可以發現其不但具有西方所闡述的意義，還有這一觀點在中國社會所誕生出的新的意義。

互為主體性精神分析學派的思想，是反思古典臨床心理學、自我心理學的局限後所做出的發展，也就是本書所反覆批評的——在人類生活體驗中以及在實際臨床精神分析過程中，孤獨的心靈並不是真實存在的。實際的人類生活及臨床精神分析過程，總是兩個主體甚至更多的系統一起交叉影響後的發展，這種發展以體驗的方式持續流動著。這種互為主體性的交叉以及隨之而來的體驗和說話／對話的過程，符合詮釋學的循環過程，同時也符合哈伯瑪斯所謂人對意圖的理解與意圖實現的程度均由環境所影響。互為主體性在精神分析臨床過程中的重要性是顯而易見的，比如一位女性分析師遇到一位男性個案，或者這位男性個案遇到另一位男性分析師，其互動的影響是有十分顯著差異的。但這裡也提出了一個挑戰——潛意識是否客觀？是否一成不變事先存在？等等。而這些思考將帶領臨床工作者以更開放的態度去傾

聽案主的語言以及來自自己的聲音，儘管無論來自案主的語言還是來自分析師自己的聲音，都受到交互關係的影響。我們所遭遇的就是互為主體性所編織的精神現實——體驗的世界。

當我閱讀這部著作的時候，我意識到在《體驗的世界》中互為主體性學派認為，互為主體性於臨床的發展必然由兩人交互所形成的體驗的世界，走向更多元的交互過程所生成的體驗的世界——臨床的發展總是非線性的過程，而非許多療法之前認為的線性因果過程——這一複雜性的傾向在本書中也有所體現，史托羅洛和艾特伍多次陳述了複雜性的必要性。而正在此時，我也邀請了關係精神分析複雜性理論的創始人威廉・科伯恩（William J. Coburn）博士到中國教學；我注意到這一現象已經成為發展中的事實，其系統的理論已經形成。

有次我和張沛超博士在深圳討論《體驗的世界》時，我們都認為在互為主體性向複雜性理論這一臨床理論的發展，其實已經呼應了亞洲佛學的因緣思想；情景主義的思想對東方人來說是十分熟悉的，這是一種在佛學、儒家、道家中都或多或少存在的思想傳統。佛教典籍《阿含經》中記載了類似情景主義的因緣哲學：「尊者摩訶拘絺羅（Mahakotthita）答尊者舍利弗（Sariputta）言：尊者舍利弗！……如是，（苦、樂、捨等三）受非自生、非他生、非自他共生，亦非無因而有。」這段話表述道，有苦、樂、中性三類感受，它們不是自己發生的，不是由他者發生的，不是同時由自他共同發生的，也不是沒有因由發生的，而是由各種條件的聚合交互而出現的心理現象。在另一個佛教著名文獻〈法身偈〉說：「諸法因緣生，諸法因緣滅。我佛大沙門，常作如是說。」即一切事物現象都是因緣條件的聚合而生

起，一切事物現象都是因緣條件的消散而壞滅。我的老師喬達摩經常做這樣的教導。在佛教因緣哲學闡述中，一顆種子能夠發展成一棵大樹，這並非一種線性因果能夠說明的。這一過程還包含陽光、氧氣、水分、周邊環境等等各種複雜的條件，惟有這些條件充分了，從種子到大樹的過程不會發生。所以在某種意義上，其他不相關的次要因素，例如水分，在相關充分條件中，同時也可能成為決定性因素。事物的發展遠超過線性因果的推論，其系統的複雜性過程超乎預測且具有豐富的鮮活性。史托羅洛和艾特伍也言及人們執著於孤獨的心靈理念的原因，很大程度上來自人類主體產生於情境的理念，這一「天真的樂觀主義」（史托羅洛和艾特伍）導致了人類創傷的建構基礎，即自我被建構為永恆不變的存在，而其實自我並不具有這樣恆定的存在性，而是情景的過程性體驗——這與佛學「無我」的哲學觀是多麼相應。中國的心理諮商師及精神分析師完全可以從這些亞洲傳統出發，相應地產生與西方學術的對話和反身，並發展出契合中國文化的精神分析臨床理論和實踐的路徑。

在此，我推薦中國的精神分析從業者、心理諮商師及其他對此感興趣的相關讀者閱讀《體驗的世界》這本著作，在與互為主體性的交互中發現和生成自己所需要的意義。

徐鈞

臨床心理學家、國際自體心理學會會員

南嘉心理諮詢中心創始人

2019 年六月十八日

【推薦序二】回到面對面的現場關係

　　我很早就注意到史托羅洛博士的著作。他的一本小書，《創傷與人類存有》（*Trauma and Human Existence*），除了有關心理治療外，也包括他自己的悲傷經驗，曾讓我感到與我們所發展的倫理療癒非常相近。在一次線上討論他的著作，《現象學的力量：精神分析與哲學的視角》（*The Power of Phenomenology: Psychoanalytic and Philosophical Perspectives*）的會議中，我曾當面詢問他的意圖是否是以存在現象學來理解與改寫精神分析的洞見，他同意這樣的看法。心靈工坊此次出版的這本《體驗的世界》，也展現了史托羅洛博士在現象學與精神分析上的學養。現象學與精神分析都逼近了人類經驗的原初地帶。不論對於喜好歐陸哲學或心理治療與心理諮商的讀者來說，本書提供的是在人類經驗的根本處討論療癒的種種模式。

　　不過，或有人會問，史托羅洛博士並非搖椅上的哲學家，而是經驗豐富的精神分析師與臨床工作者，那為什麼他要談論哲學，談論現象學，甚至「改宗」呢？我認為答案是他的臨床經驗讓他不得不批判精神分析中的笛卡兒主義。笛卡兒主義指的是以「內在」來指稱人類心靈生活的特性，也就是人的心靈是與「外在」的他人及世界隔絕的活動主體。我們可以用本書 150 頁的例子來說明。這個例子中一位醫生詢問一位病人：「你今天感覺如何？」卻得到這樣的答案：「十億光年。」對史托羅洛博士來說，笛卡兒主義的思考無法理解病人的回答，精神分析亦復如

是，只能歸因於病人的精神異常。然而他在本書中卻也說明，為何「你今天感覺如何？」是一個不適當的提問，而「十億光年」卻是對此提問的適切回答。這樣的理解正是來自現象學的教導，來自互為主體性的洞察。

笛卡兒主義的思維並不只是在精神分析之中，而是我們習以為常的設定。我想絕大部分的人會認為上述的「十億光年」答案正顯示了病人的不可理喻，也就顯示了是其精神異常的症狀。那就是說，絕大多數的我們皆受制於笛卡兒主義思維而不自知。因此，本書對笛卡兒主義的批評就有直指核心的重要性。若讀者想對現象學與笛卡兒主義有進一步瞭解，可以閱讀由我所翻釋的《現象學十四講》（*Introduction to Phenomenology*，羅伯・索科羅斯基〔Robert Sokolowski〕著，中文版由心靈工坊出版）一書。

現象學的主張，不論是胡塞爾或是海德格，都可說是以人的世間性（worldliness）作為基礎。本書第一章指稱的情感性（Befindlichkeit）就是來自海德格所揭示之人的「在世存有」（Being-in-the-world）存在結構。如此的情感性不是內在的，而是一種存活於脈絡中的經驗結構，是「在外」的。本書正是由在外的脈絡性與互為主體性來改寫精神分析的見解。而當一位心理治療師將眼光從病人的「內在」心理移出到「外在」脈絡，那是進入治療現場的此時此地，也就是治療師與病人共同存在的面對面，互為主體性關係。

我想，一定有人會不同意史托羅洛博士對精神分析的批評，會認為精神分析不能被化約到僅是笛卡兒心物二元論之中。其實佛洛伊德在一定程度上可說是打破生理決定論的先鋒之一。他也是因為臨床經驗與觀察讓他脫離他自己所出身的十九世紀末開始

盛行的腦神經科學，從而對歇斯底里症（hysteria）提出一個與經驗深刻關聯的心理學理論——精神分析。此外，在推崇現象學思考的同時，史托羅洛博士在第五章卻也表達對強調此時此刻但忽略了個體之發展脈絡（個人歷史脈絡）的不贊同。然而，現象學對回到經驗當下的強調並沒有就此排除時間性與歷史性。在世存有就是時間性的存有，經驗的世界早已是歷史的世界。能夠對現象學思考有深一層理解，能夠以現象學方法抵達當下的歷史性，那麼此時此地與發展脈絡就不是互斥的雙方。

　　瑕不掩瑜。對台灣的讀者來說，本書提供了新鮮的心理治療觀點。即使對精神分析的擁護者與學習者來說，分辨史托羅洛博士的批評正可檢視自己笛卡兒主義的傾向，避免這個傾向綁架了精神分析。而對現象學與存在思潮有興趣的讀者，本書提供了一種存在取向心理治療的具體思維與做法。

李維倫

政治大學哲學系教授兼文學院副院長

美國杜肯大學臨床心理學博士

台灣存在催眠治療學會理事長

「我將世界捧在我的手中。」

——愛蜜莉‧史托羅洛（六歲）

前言

　　近三十年來，互為主體系統（intersubjective system）視角持續發展著。從早期對於精神分析理論的主體性起源研究（Stolorow and Atwood, 1979），到現象場理論（Atwood and Stolorow, 1984）、視角主義（perspectivalist, Orange, 1995）、脈絡主義敏感性（Orange, Atwood, and Stolorow, 1997），都為一系列廣泛的精神分析臨床問題的發展（Stolorow, Brandchaft, and Atwood, 1987），以及對精神分析基礎支撐性理論的根本性再思考（Stolorow and Atwood, 1992）帶來了廣泛的影響。本書對精神分析理論和應用的哲學基礎進行深入探討。在此我們有兩個目的：其一，揭示和解構奠基於傳統及當代精神分析思考的假設，這些假設在很大程度上帶有笛卡兒哲學遺留的痕跡；其二，為扎根於互為主體性脈絡主義的後笛卡兒式精神分析心理學奠定基礎。

　　第一章，我們首先探索笛卡兒哲學得以形成的個人和關係性脈絡，並且證明對於情感作用的關注能夠在實質上對笛卡兒式孤立心靈的各方面進行再脈絡化。第二章展示了精神分析中笛卡兒式到後笛卡兒式的思考轉向，這一轉向使得理論和臨床焦點從孤立心靈轉移至體驗性的世界。接下來的三章（第三章到第五章）闡釋了浸透在佛洛伊德、寇哈特的自體心理學和當代關係理論中潛藏的笛卡兒式孤立心靈假設，並為扎根在互為主體性系統理論中的佛洛伊德式潛意識提供了一個後笛卡兒的替代選擇。第六章

到第八章舉例說明了採用後笛卡兒式、脈絡主義視角所帶來的意義深遠的臨床影響，這些影響體現在精神分析情境的氛圍中，也體現在對嚴重心理創傷狀態和個人灰飛煙滅（annihilation）體驗的理解及治療方法中。

第三章的內容首次發表在《當代精神分析》（*Contemporary Psychoanalysis*, 2001, vol. 37[1], pp. 43-61）。第二、四、五、七、八章中的重要部分也曾發表於《精神分析心理學》（*Psychoanalytic Psychology*, 1999, vol. 16, pp. 380-388 and 464-468; 2001, vol. 18, pp. 287-302, 380-387, and 468-484; 2002, vol. 19, pp. 281-306）。感謝這些期刊的編輯和出版方允許我們將這些內容囊括在本書中。

【第一章】導論：笛卡兒及其 1
孤立心靈理論的形成脈絡

> 我思故我在。
>
> ——勒內・笛卡兒（René Descartes）

> 人面向某個事物並有所領會之際，並非脫離早先封
> 閉於其中的內在範圍；反之，他本來的存在方式向來已
> 經「在外」，向來滯留於已被揭示的世界、照面前來的
> 存在者……如果沒有這個世界，一個空的主體永遠不
> 「存在」……
>
> ——馬丁・海德格（Martin Heidegger）

　　傳統精神分析假設中充斥著笛卡兒式孤立心靈的學說。這一學說將個體的主觀世界分為外在和內在範圍，並將這兩者之間的分離具體化、絕對化，同時將心靈描繪成一個位居於其他客體之中的客觀實體，一個具有內在內容的「思考物」，面朝著一個對 2它而言本質上是脫離的外在的世界。

　　自從第一版《雲中的臉龐》（*Faces in a Cloud*, Stolorow and Atwood, 1979）出版以來，我們秉持的一直是後笛卡兒式、現象學的方法，聚焦於個體體驗的世界。雖然現象學在其源起之初要歸功於笛卡兒，但是它用別具一格的主體性術語去探尋關於體驗的知識，並且避免使用那些把意識客觀化的概念，這些概念把意

識定位在一個頭腦、心智或任何形式的心理器官中。從現象學的觀點來看，體驗或意識是無形的、非實體的，這意味著它不具有任何有形物質的屬性，例如存在於空間中、具有動能、遵循因果效力等等。隨著我們的思考逐漸從早期提出的「精神分析性的現象學」（Stolorow and Atwood, 1979; Atwood and Stolorow, 1984）發展為一個完整的互為主體性系統理論（Stolorow and Atwood, 1992; Orange, Atwood, and Stolorow, 1997），人們常常誤認為我們在推崇一種激進的主觀主義和相對主義。我們相信，這種誤讀的原因，在於我們的領域中有如此多的人對笛卡兒的孤立心靈學說抱有持續的忠誠。從他們的立場來看，互為主體性理論的觀點和臨床描述必然像水銀一樣難以捉摸，就好像一個人得在某個缺乏明確形式和實質的想像空間中進行操作。這些印象並不是由於互為主體性方法具有任何固有的微妙或複雜性；相反地，正是未經檢驗的笛卡兒式假設引起了心理學思考中關於堅實性和明確性的

3 錯誤觀念；而一旦這些假設被懸置了，就會產生諸如困惑、含糊甚至焦慮的主觀性反應（Bernstein, 1983）。突然間，心靈以及在它附近穩定的外在世界失去了絕對確定的狀態，精神分析的觀察和理論也不再顯現為任何固態的真實事物，此刻關注的僅僅是體驗及其組織結構。

在《存在的脈絡》（*Contexts of Being*, Stolorow and Atwood, 1992）中，我們提出了這個問題：既然孤立心靈學說已經明顯阻礙了對精神分析之理解的發展，為什麼我們的領域裡還有一些思想家們固執地堅持這一主張？對這個問題的解答是：這一學說事實上是一個關於我們文化的神話、一個關於我們的存在的錯覺與異化的想像，它幫助我們迴避一種「難以承受的存在層面的鑲嵌

性（embeddedness）」的感覺（p. 22）。換言之，迴避一種極為痛苦的感覺——原來做為人類，我們的生命是有限的、依賴的、必死的。認為每個人在本質上是獨居的、自足的單元，使我們能夠明確地保護自己，避免在他人面前展現那種難以忍受的脆弱感。

　　現在回到勒內・笛卡兒本人的生活和觀點，嘗試更深入理解他關於這一學說的最初構想，並且尋找它在我們的領域中持久穩固存在的心理線索。閱讀笛卡兒的經典著作《方法論》（*Discourse on Method*, Descartes, [1637] 1989a）和《沉思錄》（*Meditations*, Descartes, [1641] 1989b），我們看到他在為哲學和所有人類知識尋求一個可靠、確定的基礎，一個無可置疑的真理。這個真理是如此可靠，以至於它提供了一個起始點，在無懈可擊的合法性之上重建科學。笛卡兒遵循了普遍懷疑的方法，逐步駁斥他認為不能被確定為不證自明之真理的任何一個信念，直到最終落腳在一個如此確定的真理上：「我思故我在」（cogito ergo sum）。根據他的觀點，每個人憑藉思考本身就能確定自身存在這一事實，提供了一個確定的基礎，我們可以安心地相信每一件事物都在這個基礎之上。但是，笛卡兒的普遍懷疑為我們揭示的到底是什麼呢？他指出，每個人是一個心靈、一個思考物，只需要確定自我的單獨存在而不需要理會其他事物存在與否。觀察笛卡兒的思想實驗時，在笛卡兒式的明確性之中，我們可以看到觀察者所持有的觀點在多大程度上影響了他的觀察和得出的結論。一個孤立的觀察者向內部尋找安全和確定的東西，然後他發現了自己孤立心靈的存在。這一心靈學說在精神分析和我們的文化中是如此普遍，並在歷史進程中逐漸轉化為常識。

笛卡兒式的心靈，在透過系統性懷疑的方法被「發現」的時刻，就立即開始經歷一個物體化的過程，也就被轉變為置於其他物體之中的一個客觀實體。雖然笛卡兒告訴我們，心靈缺少有形物體所具備、在空間中存在的延伸特性，但是他稱心靈為一個「思考物」。此外，他還認為心理能力在某種程度上存在於它「之內」。之後，他發展了身心關係的觀點，把心靈描繪成一個與物理客體之間存在因果互動關係的實體。因此，心靈是一個具有內在的物體，還與其他物理客體產生因果關係的互動。從心理層面，對於這樣一個對所有人都產生致命影響的學說，我們該如何理解其源起？為什麼一個人需要為他所相信的事物，去尋找一個絕對可靠和確定的基礎？而且那些都是他絕對不能被欺騙的事物。為什麼他所發現的解決方案，會表現為一個與他自身孤立人格存在有關的物體化概念？

一些學者已經透過分析笛卡兒思想所處的社會和歷史脈絡來尋求這些問題的答案（Bernstein, 1983; Toulmin, 1990; Gaukroger, 1995; Slavin, 2002），指出他一生所處的政治、知識和宗教方面都極度不穩定。的確，笛卡兒對於確定性的追求必須被放在十七世紀歐洲的歷史情境中去理解，包括當時對傳統信仰結構的挑戰、對人類在宇宙中所處之位置的革命性理解（哥白尼及伽利略），以及持續數十年來的政治危機和威脅著每一個人生活穩定的戰爭。然而，在這裡，我們將在笛卡兒個人的生活和歷史中，去尋找笛卡兒式追尋的形成脈絡，因為他的追尋一定還能在其獨特的個人體驗中找到線索。

理解一個誕生在四百年前的人所過的生活是很困難的，尤其當這個人對他人心存疑慮，對所有個人事務都極其守口如瓶時

（Gaukroger, 1995）。笛卡兒於 1596 年出生在一個五口之家，家　6
庭成員有他的父親、母親，還有兩個年長的兄姐。父親是一名在
法國議會工作的官員，笛卡兒的母親在他十三個月大的時候就去
世了，他父親把他和哥哥姐姐一起送到外祖母家生活。十歲的時
候他被送到耶穌會創辦的學院，在那裡寄宿了七年。十四歲時，
他的外祖母也去世了。傳記作者史蒂芬·高克羅格（Stephen
Gaukroger）描述笛卡兒長期展現憂鬱和偏執的傾向，並且把他
的這種氣質與喪失母親、家庭，以及後來失去外祖母聯繫起來。
他持續一生對不容置疑的確定性、對絕對可靠和安全的需求，是
否源自於早期生活經歷的這些變動？笛卡兒的哲學最終找到了確
定性和安全性，但那並非來自與其他人的關係中，而是來自他對
自己心靈的孤立探索，將心靈想像為一個理性、自我容納、自給
自足的實體。

　　笛卡兒曾是波西米亞公主伊麗莎白的私人顧問和告解對象，
有時候幾乎相當於心理治療師的角色。在一封給伊麗莎白公主的
重要信件中，笛卡兒討論了當時她得的一種他稱之為「傷寒」的
疾病。在他看來，這是由「悲傷」引起的。他推薦一種心理訓練
的方法，把想像力從那些造成憂慮的原因中引開，轉移到「關注
那些能提供滿足和快樂的物體」上，這樣就能「把她的心靈從所
有悲傷的想法中解脫出來」（Cottingham et al., 1991, p. 250）。接
著，他繼續提到關於他自己一些非常有意思的事情：

　　　恕我冒昧地補充我的發現，根據我自己的經歷，我　　7
　所建議的治療方法成功幫我治癒了幾乎和你一樣、甚至
　可能更嚴重的疾病……我的母親在我出生幾天後〔！〕

就死於憂鬱所致的肺病。我從她那裡遺傳了乾咳和蒼白的臉色，一直伴隨我直到二十多歲；當時見到我的所有醫生都宣稱我會早逝。但是我一直傾向於從最有利的角度看待事物，並傾向於**將我的主要快樂都獨自依賴於我自身**，我想這個傾向使得原本幾乎是我天性的一部分的病痛逐漸消失了。（Cottingham et al., 1991, pp. 250-251，重點標示為本書作者強調。）

　　反思這段書信的內容，我們發現笛卡兒認為他的身體狀況根植在悲傷中，這些狀況正如他所說的，「幾乎是我天性的一部分」，而悲傷是其主因。他試圖讓最大的快樂僅僅依賴於自己，以此來克服這個「病痛」。抑鬱和悲傷的傾向源於早期的失去，這突顯了一個男人的脆弱，他無法透過與自己之外的人類世界建立聯繫而找到安全感和幸福；相反地，他被迫在自己的內在精神領域中尋找滿足和平靜。

　　笛卡兒的信件中還有許多有關自我依靠（self-reliance）主題的跡象，尤其是他相信一個人在面對逆境時的幸福感，永遠只能透過自己的理性頭腦才能得到保障。在一封寫給康斯坦丁·惠更斯（Constantijn Huygens，物理學家克里斯蒂安·惠更斯〔Christian Huygens〕的父親）的信中，笛卡兒回應了他的這位朋友因摯愛的伴侶即將逝去而深感悲痛和哀傷。笛卡兒告訴惠更斯說，他沒有必要繼續處於痛苦的狀態，因為理智能戰勝悲痛；既然惠更斯是個男人，他的「生活是完全遵循理性來掌控」，也知道「所有補救的希望都已一去不返」，那麼重獲平靜的心靈應該沒有任何困難……（Cottingham et al., 1991, p. 54）。在另一封

寫給伊麗莎白公主的信中，笛卡兒讚揚讓自己與激情（也就是強烈的情感）和身體快感分離的好處，因為這兩者不可避免地使我們捲入世界上轉瞬即逝的事物中。根據他的討論，真正的快樂並不是在「基於感官的短暫享樂」中，而是在內部意識中「一種精神的滿意和滿足」，在其中，個體可以防止「世界中的善所呈現的虛假面相」，而投入於更加持久的「靈魂的愉悅」（Cottingham et al., 1991, p. 267）。由此，避免與外部世界的短暫客體建立依戀，並借助位於個體大腦中內在隱密之處的沉思理性，就能克服意外喪失而導致的脆弱。

透過自己隱密的思考尋求慰藉和安撫，笛卡兒試圖使自己從「因非異化地意識到人類體驗持續鑲嵌於固有的互為主體性（也就是關係性）脈絡而產生的敏感脆弱」中轉移注意力（Stolorow and Atwood, 1992, p. 22）。因此，在笛卡兒個人生活脈絡中，在 9 孤立心靈學說形成之初，已經有生動跡象展現他否定了對於他人的依賴以及情感的脆弱性；這一點在這個學說中完全滲透且表達得非常堅決。

我們將對比以下兩者：引領笛卡兒哲學觀點中的孤獨沉思，以及產生互為主體性方法的對話。自 1970 年代以來，互為主體性理論的發展過程必然反映和表達了促成這個觀點的核心概念。互為主體場域的觀點，被理解為各個以不同方式組織起來的主觀世界之間的互動系統，從每個參與者在持續性的協作中所帶入的各種個人化與智性的視角中浮現。與做為任何個人腦力勞動的產物不同，我們的觀點出自於一個共同願景，即依照一個徹底的、自我反射的脈絡主義對精神分析中的基礎概念進行再思考。

在哲學領域中，也許對笛卡兒式的孤立心靈和主客二分的觀

點最重要的挑戰，就來自海德格（Heidegger, [1927] 1962）。海德格的觀點與笛卡兒式的疏離、不存在於世界中的主體形成鮮明對比；海德格認為，人類生活的存在根本上是嵌入性的，是融入「在世界之中」的。在海德格的構想中，人類的存在浸透在其所居住的世界之中，也就如人類居住的世界浸透在人類的意義和意圖中。鑒於這種根本的脈絡化視角，海德格對情感的考慮尤其值得注意。

10　　海德格描述情感性（感受和情緒）的詞是「Befindlichkeit」，這是一個有海德格特性的拗口名詞，他創造這個詞來捕捉人類存在的基本面向。從字面上，這個詞可以被翻譯成「一個人如何發現自身」。正如尤金・簡德林（Eugene Gendlin, 1988）所指出的，海德格為情感性所造的這個詞同時表示一個人如何感受，以及自己感受到的情境，這是一種先於笛卡兒式內外在分裂，在情境中感受到的自我感。對海德格而言，Befindlichkeit，即情感性，是一種生活方式，一種在世界之中的方式，深深地嵌入在其結構性的脈絡中。海德格的概念強調了人類情感生活精妙的脈絡依賴性和脈絡敏感性。

笛卡兒的哲學不僅隔離了內在和外在、主體和客體，還切斷了心靈與身體、認知（理性）和情感。正如前文引用的傳記片段，笛卡兒指派理性去克服和征服苦痛情感（比如悲傷），他認為苦痛情感是生理疾病的來源。對應的結果就是對理性的提升，以及對情感生活的貶低，這是他孤立心靈學說中固有的特點。與此相反，情感，也就是主觀的情緒體驗，已經成為精神分析框架中的核心部分。

我們的論點是，精神分析思考從驅力至上轉變為情感性至

上，使得精神分析朝向一種現象學的脈絡主義（Orange, Atwood, and Stolorow, 1997），以及朝向一種將核心聚焦於動力性的互為主體系統（Stolorow, 1997）。驅力是深層發源於笛卡兒式孤立心靈內部，與之不同的是，情感從產生之初就在一個持續性的關係 11 系統中進行調節，或錯誤調節。因此，把情感放置在核心位置，自然就導致一種幾乎對人類心理生活各個方面的徹底脈絡化。

我們對於情感性的普遍關注，始於一篇與達芙妮・蘇卡利德斯・史托羅洛（Daphne Socarides Stolorow）合著的文章（Socarides and Stolorow, 1984-1985），試圖把還在發展中的互為主體性視角與寇哈特自體心理學的框架整合在一起。針對海因茲・寇哈特（Kohut, 1971）的自體客體概念進行擴展和精煉的過程中，作者們提出，「自體客體的功能根本上在於把情感整合」進自體體驗的組織中，同時，自體客體連結的需要是「生命週期的各個階段對情感狀態〔同調性〕反應性的需要之中最重要的一部分」（p. 105）。例如，寇哈特對於鏡映渴望的討論，指出了在廣泛情感狀態的整合中，有價值的同調（attunement）所扮演的角色。與此同時，他對於理想化渴望的描述，指出了在對痛苦的反應性情感狀態的整合中，同調的情感抱持和涵容是重要的。在這篇早期論文中，情感體驗被理解為與互為主體性脈絡是不可分離的，不論互為主體性脈絡是否同調。

發展心理學，甚至是神經生物學領域的眾多研究，已經確認了情感體驗具有核心的、動機性的重要性，因為那是透過嬰兒─照顧者系統之中的關係性所建立的（參見 Sander, 1985; Stern, 1985; Demos and Kaplan, 1986; Lichtenberg, 1989; Beebe and Lachmann, 1994; Jones, 1995; Brothers, 1997; Siegel, 1999）。理解了 12

情感性，即 Befindlichkeit 之中動機性的首要地位，能夠幫助我們對各種心理現象進行脈絡化，這些心理現象在傳統上一直是精神分析探尋的焦點，其中包括心理衝突、創傷、移情和阻抗、潛意識，以及治療性的精神分析詮釋行為。

　　早期論及情感和自體客體功能的文章（Socarides and Stolorow, 1984-1985）提及了心理衝突所產生的互為主體脈絡的本質：「對兒童的情緒狀態缺乏穩定、同調的反應性會導致……積極情感整合的重大脫軌，以及對情感反應產生解離和否認的傾向」（p. 106）。當兒童的核心情感狀態不能被整合時，會發展出心理衝突，因為這些情感狀態引起來自照顧者強烈或持續性的不同調（Stolorow, Brandchaft, and Atwood, 1987, chap. 6）。這些未整合的情緒狀態變成了終身的情感衝突和創傷狀態易感性的來源，由於它們被體驗為個人已建立的心理結構的威脅，也威脅了其必要連結的維護。對情感的防衛因此就成為了必要。

　　從這個視角出發，發展性的創傷並不被認為是笛卡兒式的、容器組裝不良而產生的本能泛濫，而被看作是一種難以忍受的情感體驗。此外，一種情感狀態難以容忍的程度，不能單僅憑有害事件引起的痛苦感受的數量或程度來解釋。創傷性的情感狀態只能放在該狀態被感受到的關係系統中理解（Stolorow and Atwood, 1992, chap. 4）。發展性的創傷來源於一個結構性的互為主體脈絡，其核心特點是對於痛苦情感的不同調（malattunement），這是一種兒童—照顧者系統調節破裂，導致兒童喪失了情感整合能力，進而導致一種難以忍受、淹沒性、紊亂的狀態。當兒童忍受、容納和調節所需要的同調極度缺乏時，痛苦或可怕的情感就成為創傷性的。

　　從關係層面來看，發展性創傷的一個後果，在於情感狀態具有持續性且粉碎性的意義。從一再發生的不同調的體驗中，兒童獲得了一種潛意識的堅信：未滿足的發展性渴望和反應性痛苦的感受狀態，是自身令人討厭的缺點或固有內部罪惡的展現。防衛性的自我理想（self-ideal）往往被建立起來，代表著一種淨化了令人不快的情感狀態之後的自我形象；那些不快的情感狀態被認為不受歡迎，或者會對照顧者造成傷害。不願辜負這個在情感上淨化了的理想，成為維繫他人連結和維護自尊的核心必要條件。此後，被禁止的情感一旦浮現，就被體驗為一種必要的理想體現的失敗，一種潛在的、本質的缺陷或罪惡的暴露，並伴隨著孤獨感、羞恥感和自我厭惡感。在精神分析情境中，依據這種潛意識情感意義對分析師的品性或行為進行解讀，反過來確證了病人在移情中的預期，認為他們感受狀態的浮現將會遭遇到厭惡、蔑視、漠視、驚慌、敵意、退縮、利用等等的對待，或者將會摧毀分析師並毀壞治療關係。這樣的移情預期，若被分析師不經意地確認，將成為阻抗情感體驗和表達的強大根源。從這一視角出發，重複出現的、棘手的移情和阻抗能夠被理解為病人—分析師系統中僵化而穩定的「吸引器狀態」（attractor states, Thelen and Smith, 1994），在這個狀態中分析師的風格在病人糟糕的預期及恐懼中被賦予意義，因而病人不斷地暴露於再創傷的威脅中。透過聚焦於情感及其意義，移情和阻抗兩者都能夠獲得脈絡化。

　　發展性創傷的第二個後果在於嚴重壓縮和窄化了情緒體驗的領域，因此把特殊的互為主體場域中經驗到的任何難以接受、無法忍受，或過於危險的感受都排斥在外。第三章闡明聚焦於情感將如何對所謂的潛抑屏障（repression barrier，意識和潛意識之間

14

持有的邊界）進行脈絡化。「Befindlichkeit」同時包括感受，以及允許或不允許感受出現的脈絡。

正如情緒體驗領域的壓縮和窄化，領域的延展也只能放在其形成的互為主體脈絡中理解。我們將提出關於治療性的精神分析詮釋行為的觀點，來結束本章的介紹。

關於認知頓悟和情感依附在治療性改變過程中發揮的作用，精神分析的領域長期爭論不休。這一爭論直接承襲自笛卡兒哲學的二元論，將人類體驗分為認知區域和情感區域。在後笛卡兒式哲學世界中，對人類主體性進行如此人為割裂的方式，已經不再站得住腳了。認知和情感、思維和感受、詮釋和連結，只在病理現象中才是可分離的，就像我們在笛卡兒自己的例子中看到的——這個深感孤獨的人，創造了一個孤立心靈學說，一個空洞的、非嵌入式的、去脈絡化的「我思」（*cogito*）。

一旦認識到分析性詮釋的治療性作用並不僅在於它們所蘊含的洞見，也在於它們在多大程度上展示了分析師對病人情感生活的同調，那麼我們就會知道，把透過詮釋產生的洞見以及病人與分析師的情感關係這兩者割裂開來，是錯誤的做法。我們早就主張，一個好的（也就是促進改變的）詮釋是一個關係性的過程，其構成的核心是病人體驗到他或她的感受被理解了（Stolorow, Atwood, and Ross, 1978）。此外，正是體驗到被理解所具有的特殊移情意義，提供了改變的力量（Stolorow, [1993] 1994），因為分析性的投入活化了發展性的渴望，病人把這個體驗編織進發展性渴望的織錦中。詮釋並不單獨存在於病人和分析師的情感關係之外；詮釋是這個關係中不可分離且至關重要的維度。在互為主體系統理論的語言中，詮釋擴展了病人對舊有的、重複的組織原

則或情緒信念進行反思性覺察的能力，這個過程伴隨著病人與分
析師持續的關係性體驗的情感作用和意義，而兩者都是治療過程　16
中密不可分的部分。治療過程讓病人有可能以替代性原則去組織
體驗，由此讓病人的情感範圍變得更寬廣、更豐富、更靈活，也
更複雜。為了使這個發展性過程得以持續，分析關係必須能夠承
受痛苦和可怕的情感狀態，這會伴隨著失穩（destabilization）和
重組（reorganization）的循環（Stolorow, 1997）。顯然，在分析
的互為主體場域中對情感體驗的臨床聚焦，在多種層面上都對治
療性改變的過程進行了脈絡化。現在，我們轉向一個帶有深刻脈
絡化含義的核心理論觀點——體驗的世界。

第一部
理論研究

【第二章】從笛卡兒式的心靈到體驗性的世界　19

> 心靈是社會性的，社會是精神性的。
>
> ——伊恩・薩提（Ian Suttie）

> 噢，世界！世界！世界！這樣，可憐的人就被鄙視
> 了。　　　——威廉・莎士比亞（William Shakespeare）

> 關於「在世存有」（Being-in-the-world）一事，因
> 其所存在的世界而變得讓人著迷……理解一個人之所以
> 如此存在，總是關乎對於這個世界的理解。
>
> ——馬丁・海德格（Martin Heidegger）

　　最近偶然間聽到一位同事直截了當地評論說哲學是沒用的，
只是個半吊子職業。他說：「現在，精神分析治療倒是實用。有
時候，人們的確需要。」儘管佛洛伊德對哲學的厭惡眾所周知，
我們還是希望當前大多數精神分析師們不要抱有這樣的想法，
而且能夠理解哲學家們的探究和辯論對他們的工作非常重要。
有跡象顯示這樣的理解的確變得愈來愈普遍——在過去十年當　20
中，這個領域中已經有了針對「笛卡兒主義」的批判性討論。本
章將對這項討論做進一步的貢獻，舉出一系列體現在精神分析理
論和實踐中的笛卡兒式基本觀點。我們感謝哲學家查爾斯・泰勒
（Charles Taylor, 1989）的著作，他對此做了非常系統化的描述。
（相較於我們的簡化版描述，泰勒豐富、細緻入微地描繪了理念

發展的歷史。如果有些讀者認為我們對傳統精神分析工作的描述過於簡單，這不是泰勒的責任。毫無疑問，最好的分析師總是超越笛卡兒式框架，以關係性的方式工作，不管他們公開宣稱支持哪一種理論。）

　　從早期作品中可以看出，笛卡兒式心靈最早發端於笛卡兒的《沉思錄》（Descartes, [1641] 1989b），到了現代發展為我們所知的佛洛伊德的心理機制。雖然佛洛伊德對於潛意識工作的系統性研究動搖了笛卡兒式心靈的一個重要成分，即不再熱衷於「觀念的清晰明瞭」；但是，正如瑪西亞‧卡維爾（Marcia Cavell, 1991, 1993）精彩的展示，精神分析性的心靈曾經是，也仍然是一個笛卡兒式心靈。對大多數人而言，笛卡兒式心靈的複雜假設主要就是潛意識，它根植在西方語言的潛在語法裡，並繼續體現在精神分析的思考和工作中。因此，我們認為這種精神分析與哲學性的潛意識形式，值得持續關注。

21　　笛卡兒式的心靈，包括其實證主義和經驗主義的變體，有幾個重要的特徵，每個特徵都對精神分析工作產生了影響。（我們所說的「實證主義」指的是反形而上學的，致力於將實證實驗和可重複性作為知識的標準。人類個體的不可重複性導致這種實證主義的形式不適用於精神分析過程的理解。）我們大略勾勒一下這些笛卡兒式心靈的特徵，並把它們以及它們對精神分析所造成的後果，與那些體驗性或心理學領域的心靈特徵相比較。我們的用意並不是要力圖「跳出」笛卡兒式的櫃子──所有人在某些時候都不得不待在其中──而是讓自稱為「後笛卡兒」的分析師更容易表達精確的觀點和批判。本著這種精神，我們談論的是相關的觀念及其實踐後果，並不針對理論家；我們視理論家為溝通的

夥伴，同時也是這個探索者共同體中的資深同道。我們試圖在這裡描繪另一種思考方式，為精神分析的思考和工作提供可能的豐富性。

笛卡兒式的心靈

首先，自我封存式的隔離（self-enclosed isolation）是心理笛卡兒主義的特性，這一點已經明確地闡述。在《以互為主體性的方式工作》（*Working Intersubjectively*）一書中（Orange, Atwood, and Stolorow, 1997），我們寫道：

> 客觀主義認識論把心靈想像成孤立的，與外在現實徹底分離；心靈或者準確地理解現實，或者曲解現實。事實上，這樣一個面向外在世界的心靈形象是一個英雄般的形象，或英雄般的迷思（myth），因為它所描繪的個體內在本質，存在於一種與所有維持生活的事物分離的狀態。這種迷思瀰漫在西方工業社會文化中，我們（Stolorow and Atwood, 1992）稱其為「**孤立心靈的迷思**」（p. 7）。它以多種偽裝和不同形式呈現。在一個關於戰無不勝的人透過孤獨而英雄般的行為克服巨大不幸的故事中、在一個以孤立且單一的主體為核心概念的哲學作品中、在某種完全聚焦於個體內在過程的心理學和精神分析學說中，我們都能識別出這個「孤立心靈的迷思」其身影。例如，類似的精神分析學說包括：佛洛伊德將心靈作為一個處理內源性驅力能量的非人機器、

22

> 自我心理學關於獨立自主進行自我調節的自我概念，以
> 及寇哈特關於帶有預編程式的內部設計的原始自體概
> 念。我們（Stolorow and Atwood, 1992）認為這種普遍
> 存在的物體化孤立心靈，不論有多少不同形式，都是某
> 種防衛性自大的形式，其目的在於否認（人類的）脆弱
> 和鑲嵌性……（pp. 41-42）

　　這一孤立心靈思想對精神分析工作的影響是廣泛而深遠的。
碰上一個持有孤立心靈觀點的臨床醫生，病人可能發現自己被視
為完美主義、自戀，甚至是邊緣型人格。的確，那些曾經和持有
孤立心靈觀點的心理健康專家打過交道的病人，可能一開始見到
我們就會如此描述自己：「我是邊緣型人格」、「我有躁鬱症」
等等。隨後，就聽到他們的體驗被如下表述抹去了（混合著之前
無效的描述）：「我感到我不是真的」、「我感到我不在我的身
體中」等等。在精神分析情境中，病人們被認為是在投射、認
同、阻抗或行動化。這些說法幾乎總是在貶損病人，顯示出臨床
醫生對笛卡兒式心靈的持續擁護，同時也可能防止做為治療師的
我們意識到，自己是如何被牽連進我們所輕易描述的「病人的病
理化」之中。孤立心靈思想的心理原子論暗示人類本質上並不是
和他人相關聯的，他們的存在根本上是自我封存的。如前面的章
節所述，這樣的自我封存也涉及笛卡兒本人所描述和主張的自我
滿足的理想。

　　笛卡兒式心靈思想的第二個主要特徵，是其聲名狼藉的主
張：主體—客體分裂（subject-object split）。笛卡兒式的本體論
認為客體是真實的（相對於認識者而獨立地存在著），但是主

體（我思故我在）在根本上更加真實，因為對主體的認識是透過自我證明的。笛卡兒認識論的觀點是，由內在的上帝概念作為最終擔保人，外在世界是孤立心靈的衍生物。不論我們是否接受這個觀點，對心理和擴展／物理現實進行本體論上的區分，在現代思想中持續存在。唯心論有多種形式：巴克萊「存在即感知」（*esse est percipi*）的非物質論、康德的先驗唯心論，以及費希特和黑格爾的絕對唯心論。每一種唯心論都認為，只有精神是完全或原始真實的。另一方面，經驗主義者們如洛克、休謨和密爾則認為，心靈是虛幻的，或最多也只是衍生的。在二十世紀心理學中，這種觀點被推至極端地步，最終導致行為主義的產生：哲學家們往往認為那是「消除性的唯物主義」──在人類生活的圖像裡，除了物理的部分，其他都被「消除了」。然而，這所有的爭論都完全依賴於對笛卡兒式主體─客體分裂這個前提的全盤接受。這一本體論上的分歧反過來促使洛克建立了現代認識論，其想法或陳述在「心理／主體」和「物體／客體」之間搭建起橋梁。

　　在精神分析中，這一分裂體現在心理現實和外部現實之間的對比。儘管佛洛伊德想要建立一個完全像物理和化學一樣機械論的心理模型，他仍然依賴有關本能的生物學理論，這讓心理現實有了一些有機性和靈活性。可變性與主體驅力的對象有關，也與它們的目的有關。現今，主體─客體思想的殘餘最明顯存在於人際理論（interpersonal theories）中，該理論將治療關係描述為一種「互動」，並且用人們互相作用於對方的因果效應來分析這種「互動」，儘管我們能理解但通常不承認人並不能被看作本質上分離的單子。某些客體關係理論──這個術語拋開了這一假

設——無可置辯地談論主體的客體，通常將其理解為精神的內容。這些精神內容混淆了笛卡兒式的客體與洛克的理念和表徵。諷刺的是，即使是主體—主體關聯理論也認為主體性概念來自主體和客體之間的對比，也就是說，帶有我們所描述的笛卡兒式主體的所有特徵。

笛卡兒式心靈的第三個普遍特徵是內在和外在之間的對比。內在現實是心理的；外在現實是物質性或具有空間延伸性的。另外，內在是主觀的，外在則是客觀的、真實的，或者在外而依賴於脈絡的。心靈是容納觀念、幻想、情緒，甚至是驅力和內部本能的容器。外部現實也許能影響這個容器及其內含物，但那永遠是**外部**的現實。對笛卡兒而言，正如前章所述，心靈的這個特點發揮著強大的保護功能，讓分離的內在免於捲入危險的外部。在精神分析中，自我心理學就是建立在內在—外在的對比之上：心理健康意味著自我（佛洛伊德的「Ich」，儘管相較於「the ego」而言更少實體化，卻仍然是內在的）對於外部世界的適應。卡維爾（Cavell, 1993）吸收了維根斯坦和其他哲學家的觀點，廣泛地表達了對這種內部—外部二分法的哲學性批判，並嘗試將其應用於精神分析理論中。

在實踐方面，這種二分法對於臨床工作尤其危險（Orange, 2002b）。病人和分析師可能無休止地糾纏於某個特定的現實到底是內在的還是外在的，或者一個行為的責任、一種生活模式，或某種人際間的災難，其位置到底何在。由於認為任何事物不是內在的，就是外在的，並認為其中都是真實的邏輯對立，精神分析理論家因此以空間和機械論隱喻的方式來描述笛卡兒式心靈，例如移轉、置換、投射，或者扭曲和錯覺。類似概念可能妨礙對

創傷、自我喪失、非存在這類深遠的個人化體驗的探尋（見第八章）。

第四，笛卡兒式心靈渴望清晰和明瞭。混亂、過程、軟性集合、浮現，這些對二十世紀末系統思維而言如此親切的概念，可能會把可憐的笛卡兒氣得從墳墓裡跳出來。正如與笛卡兒同時代的伽利略所展示的，在現代科學的發展中，二元邏輯（真／假）被證明是穩健且富有成效的；伽利略解讀自然的方式，是把帶有誤導性的感覺經驗都清除乾淨。但是，二元邏輯和它最好的朋友奧坎剃刀（簡約法則）一樣，即使在最適用的範圍內，二元邏輯也被證明有其嚴重的局限性。它對所有與之不符合的事物都視而不見，對奇異性和獨特性尤其如此。即使是電腦這個二元邏輯的產物，如今也需要新的、更加「模糊的」邏輯，才能更有效處理複雜系統的特性。[2]

在心理學中，對笛卡兒式的清晰與明瞭的需求往往體現為化約主義，即「一切都歸結為⋯⋯」的方法。諷刺的是，在針對他人的理論中，化約主義是最顯而易見的。做為精神分析師，我們能在行為主義中清晰地看到這一點。後佛洛伊德主義者則能夠在本能理論中看到化約主義。然而，我們是否也能在我們偏愛的理論，例如自體客體理論、依附理論、情感或創傷理論，或任何當下流行的理論之中，看到化約主義的蹤影？只有一種帶著悔悟

2　當然，即使是這些模糊的邏輯，也會被化約成二元碼，因此永遠無法完全涵蓋 Geisteswissenschaften（人文科學）所關切的主觀意義領域。同時，我們可以質疑狄爾泰（Dilthey, [1883] 1989）在他知名的 Naturwissenschaften（自然科學）與 Geisteswissenschaften（人文科學）區分之中是否包含著他自身殘留的笛卡兒式二元論。然而，這確實提醒了我們，主觀體驗並不能簡單地化約為其物質條件。同理，理解也不能簡單地化約為單純的翻譯，而這也是狄爾泰所關切的。狄爾泰和胡塞爾一樣，既延續，卻又暗中破壞了笛卡兒的思想。

的「可謬論」（fallibilism）——皮爾斯用來形容對自己的理論和構想保持質疑態度的術語——以及一種與持有其他視角的他者進行對話的意願，才能夠幫助我們「明確我們的想法」（Peirce, 1878），不至於陷入對於簡化的笛卡兒式追尋而導向化約主義。

在精神分析中，我們可以看到，帶著「清晰明瞭的觀念」這個標準尋求確定性，讓我們免於焦慮，同時也限制了我們的創造性。儘管精神分析的思想家已經承認複雜性——多元決定論和多功能就是複雜性概念很好的例子——但是，尋求清晰明瞭的觀念依然存在於「技術」的程序性規則中（Orange, Atwood, and Stolorow, 1997），也存在於對可分析性和正確詮釋的討論中。哲學家伯恩斯坦（Richard Bernstein, 1983）把這種對終極、確定的基礎的擔憂，非常恰當地稱之為一種「笛卡兒式焦慮」。

如美國哲學家皮爾斯所提出的，我們認為，對治笛卡兒式追尋確定性的解方，就是可謬論的精神（Orange, 2002a）。這一態度同時包含持續承認我們在任何時候都有可能犯錯，以及理解真理只能透過學術共同體尋獲，僅憑單槍匹馬的哲學家或精神分析師是不行的。另外，我們還建議懷抱詮釋學的精神，將任何聽起來怪異的言辭都視為真實，然後試圖去理解一個理性的個體為何
28 能夠如此思考。只有這樣，我們才能夠與那些看來怪異的事物展開對話。我們將可謬論和詮釋學兩者看作是治療笛卡兒式思維的良藥，這些學說最著名的擁護者伽達默（Hans-Georg Gadamer）和皮爾斯也這麼認為。現在，我們也建議一種在系統中更加脈絡化的思考方式，不過這點在本書的第二部分再討論。

笛卡兒式思維的第五個特徵是對演繹邏輯的依賴。我們甚而可以稱之為「笛卡兒式信條」。在笛卡兒式心靈中，沒有情緒、

藝術，或新的**完形**（Gestalten）浮現的空間。佛洛伊德在這一方面擁有革命性的聲望，他認為這樣的心靈必然是排除掉一切的意識，因此不能用來解釋心理體驗的健康或疾病狀態，也不能用來解釋人類文化的豐富性，而他自己就身處於這樣一個世紀之交的維也納文化中。不過，佛洛伊德的解決方式是給笛卡兒式的房子留一間地下室，心理生活的真實來源就居住在這個地下室裡。不幸的是，佛洛伊德的潛意識也和笛卡兒式心靈一樣，是孤立的、原子的、機械的、內在的、主觀的。它只是被掩藏了，並且被想像為根據它自己的內在邏輯運作（初級歷程）。然而，近來有一些理論家（Bleichmar, 1999; Zeddies, 2000; Stolorow and Atwood, 1992）已經試圖以一種關係性的、互為主體性的形式對潛意識進行描繪和再定義（見第三章）。

　　缺乏時間性是笛卡兒式思維的第六個重要特徵。這個特徵早晚會導致泰勒（Taylor, 1989）所謂的「精確自我」（punctual self），即個體做為空間中的一個點而孤立於其他人類和自然世界。最糟糕的是，空間中的這樣一個點是非時間性的，因此是沒有發展性的歷史和故事可言的。在精神分析中，移情的概念既表明，又挑戰了非時間性的笛卡兒式心靈。過去就像模板一樣滲入並塑造了當下體驗，過去的體驗總是按照之後發生的事情進行**事後**（nachträglich）的理解和再詮釋。使用佛洛伊德的這個詞彙，並非表示以此方式被理解的就不是真實的，而是為了指出所有體驗都在持續地組織和再組織。事實上，馬古利斯（Alfred Margulies, 2000）近來提出，**事後追溯**（Nachträglichkeit）是一種關係性的過程，是一種互為主體性的現象。同時，對於佛洛伊德、對於談論新舊客體的客體關係理論，甚至對於某些系統理論

的支持者而言，時間毫無疑問是線性和單向的。舊的是舊的，新的是新的，而未來通常不在考慮之中。（不過，對於這個一般化的觀點，一個很好的例外是佛夏吉〔James Fosshage, 1989〕關於夢的開疆闢土性著作）。在臨床上，我們認為這會引起某種形式的道德成熟——寇哈特稱之為「現實原則的道德」（reality-principle morality, Kohut, 1984, p. 84）和「心理獨立的價值要求」（Kohut, 1991, p. 573）——這種道德成熟囑咐自己或病人成長。「新」和「舊」這樣的語言會阻礙時間性體驗的複雜性，有時甚至會阻礙其豐富性，使我們困惑為什麼病人的體驗，或我們自己的體驗，並不以我們認為該有的方式改變。

接下來，讓我們來看看笛卡兒式心靈的裝置：觀念。對於笛30 卡兒而言，或甚至對他的經驗主義後繼者而言，觀念只是事物的副本或表徵，被認為是在「外部」世界中的個體物件或知覺。真實是由心理表徵與外部客體之間的一致所構成。這種心理內容的表徵理論直到現在還存在於精神分析中；例如，對於佛洛伊德學派而言，夢的意象是白天殘留物混雜著潛意識驅力願望的表徵。對於客體關係理論家而言，心靈是由內在客體構成的。甚至在一些受到嬰兒研究影響的當代精神分析師當中，我們發現表徵的多種形式往往被稱為基模或模型。事實上，對許多人來說，桑德勒（Joseph Sandler）和羅森布拉特（Bernard Rosenblatt）（1962）所提出的，依然帶有笛卡兒式的「表徵化世界」，幸而提供了墊腳石和推動力，幫助我們遠離笛卡兒式的表徵化思維，並朝向一個心理或體驗世界的思維（Stolorow, Atwood, and Ross, 1978; Atwood and Stolorow, 1980）。

在臨床上，表徵主義思維的有害影響可能是難以察覺的。如

果我們和病人都認為心靈充滿了心理副本或表徵物，那麼我們會
過於專注在這些副本的準確與否，而看不見意義的創造和再創造
過程，以及體驗的組織和再組織過程。我們當中的任何一個人都
可能會陷入泥潭，與病人討論過去或者我們之間有什麼是**真的**發
生了（見第六章）。我們也會見樹不見林，把意象、觀念、回憶
和幻想都看作心理檔案中的單一物件，而不是試圖與病人一起去
理解他的整個生命之中發生的一切所具有的意義和重要性——無
論其生命脈絡是豐富的還是糟糕的。

　　最後，笛卡兒式心靈概念具有實體性。儘管心靈脫去了肉體 31
的存在，並與有延伸的實體（身體）相對立，但它還是一個物
體，一個具有內在，因而可以與其他物——如身體——進行互動
的物體。因此，笛卡兒式的物體是具體化的，又被極度抽象化，
並且被完全還原為一個物品。「浪費心智是一件可怕的**事情**」。
受到語言的誤導，我們把語法上的名詞視為實體（Wittgenstein,
1953），因而精神分析把心理體驗具體化為諸如本能、幻想、情
緒等心理內容。這種把心靈還原為事物、物品或實體的方式，會
導致那些真正屬於心理的人類生命過程被低估，包括情感過程、
思考過程、價值過程、幻想過程、慾望過程、美學體驗的過程、
創造的過程等等。相反地，我們重回機械式的隱喻，如投射、潛
抑和轉移，也就是移動心理內容。廢除這些機械論和內容導向的
隱喻，能夠讓所有派別的精神分析師有更多的空間去關注體驗性
和系統性的過程（Orange, 2002c）。

個邏輯和理性的線性世界。當分析師們感到他們能充分地依賴情緒脈絡，帶著好奇心在不斷的開放式提問中去承受和探索，安全感就會到來。臨床中這樣的能力必定使病人放心；如果給予病人清晰明瞭的回答而不可避免地得到「是的，但是……」的回應，就表示我們把體驗還原成了公式。不論臨床醫生的受訓背景是什麼，傾向於打開而不是取消關於意義的對話，或許是世界導向的（world-oriented）精神分析思維最可靠的標誌了。

　　同樣地，體驗世界的概念包含一種模稜兩可的覺察，而不帶有傳統上意識和潛意識的嚴格邊界。我們認為，最讓精神分析師感興趣的，永遠是最少進入初級覺察的那些體驗的層面。另外，分析師也不需要把工作界定為好像他們掌握著外行人不瞭解的某種特殊、深奧難懂的知識，因而排除那些「沒有接受精神分析訓練」的人，或排除那些「非精神分析的」觀念。精神分析師的訓練是為了提升（而不是創造）那些情緒的、美學的、組織化的、
37 模稜兩可的意識層面在體驗的世界中的同調，以便讓這些世界能夠在一個特定的關係性脈絡中，被那些居住於其中和所居住的人更好地理解，並感受到更大的靈活性。

　　與「精確自我」或笛卡兒式主體相反，體驗的世界是極度歷史性、時間性和浮現性的。心理時間——時鐘和日曆不能提供很好的隱喻——是極其複雜的，在其中，過去、現在和未來不能被簡單地區分。生物系統或許能提供一個更好的類比。在克里特島有一種植物，像仙人掌一樣地生長了二十年，才（壯麗地）開一次花，隨之就枯萎。它的生長就像我們一樣，在所有時間中都包含著過去、現在和未來，包含著它的死亡和未來新一代的出生。同樣地，當精神分析以體驗的世界代替笛卡兒式的自我，它將會

對發展愈來愈感興趣，並且以時間的複雜性（**非線性系統**）去理解。我們居住於其中和占據我們的文化／歷史的世界，也將漸漸成為精神分析思維的興趣所在。

接下來，笛卡兒式思維的表徵主義被一種對話性（而非二元結構）、參與性、視角性、詮釋性概念的理解所取代。要理解一個人，我們無法進入這個人的腦中將其精神裝置（觀念、情感、幻想）都一一登記在冊，然後寫一個案例報告。相反地，在後笛卡兒式思維所理解的「同理的沉浸」（empathic immersion）的概念中，對話的參與者（兩人或以上）把他們自己沉浸在個人體驗世界的相互影響之中。做為臨床醫生，我們不是問自己「這個人有什麼問題？」或者「這個人腦子裡錯誤的表徵是什麼？」我們可能會問「這個人的體驗世界之中有哪一些層面讓她相信或感覺自己是個謀殺者？」「他坐著或躺在我的躺椅上，卻說自己並不是真的在這個房間裡，這個人的生活世界是什麼樣子？」「他以這樣的方式去感受，實際上他所期待或希望的是什麼？」在大多數的精神分析團體中，這樣的詢問態度是可行的；這種態度預設另一個人所訴說的都是可理解的，而我們的工作是去理解，而不是評估、分類或評判。以體驗的世界來代替笛卡兒式心靈時，上述這種關注點的轉變發揮了重要的「兌現價值」，或展現了實際的臨床重要性。

最後，當我們以體驗的世界代替了笛卡兒式心靈，原本被視為一個物體或實體的心靈，也就變成了另一種心智狀態，其中帶有正在經歷組織過程的個人體驗（包括紊亂、脫離、困惑、分解、混沌的體驗）。在關係性理論圈子裡普遍討論的多重自我，也被各種以不同方式組織的體驗世界所取代，這些體驗世界本質

38

上是關係式的，但在現實中或多或少地彼此關聯、互相協調。個人的體驗不是精神實體，而是一個組織性與正在組織中的生命系統的生活世界，這個生活世界具有複雜的特性與時間性，且「凌亂、流動、對脈絡敏感」（Thelen and Smith, 1994）。

【第三章】世界視域：佛洛伊德潛意識學說的替代 39

神話反映了它的地域。

　　——華萊士·史蒂文斯（Wallace Stevens）

邊界是事物開始呈現的地方。

　　——馬丁·海德格（Martin Heidegger）

感覺並不僅是簡單地記錄事實，它展開了一個世界……在其中他們將無法逃脫。

　　——伊曼紐爾·列維納斯（Emmanuel Levinas）

　　佛洛伊德對於潛意識的「發現」可說是第二次哥白尼革命，因為它徹底動搖了主體自我意識的認識論地位；在笛卡兒式哲學和一般的啟蒙運動思想中，主體自我意識一直處於中心位置。在佛洛伊德看來，笛卡兒的自我意識 cogito（我思）只是一種浮誇的幻想；意識不過是主體完全未覺察的巨大潛意識力量的人質而已。然而，佛洛伊德式的潛意識在其深處依然充斥著他所要挑戰 40 的笛卡兒主義（Cavell, 1993）。正如前文所述，佛洛伊德式的潛意識及其內容僅僅是一個帶有笛卡兒式孤立心靈的封閉地下密室。

　　在後笛卡兒、後佛洛伊德、關係精神分析的對話內，「潛意識」還剩下什麼？如果不採取佛洛伊德後設心理學的機械式和化約式的思維方式，我們就無法再把動力性的潛意識想像為一個隱

蔽的場所，在其中本能驅力的各種衍生物不停地推拉著意識體驗。當我們把意識、潛意識和前意識的拓樸模型（Freud, [1900] 1953）降為隱喻的領域——在某種程度上類似於天堂、地獄和煉獄的三層，每一層都有門衛看守——我們就失去了佛洛伊德式潛意識喚起情感的力量。同樣地，一旦當我們以現象學的方式來看待人類的心理，而把自我、本我、超我的結構理論（Freud, [1923] 1961a）看作是複雜、有害、完全站不住腳的具體化過程，那麼佛洛伊德的第二次哥白尼革命還剩下什麼呢？

也許我們還是有所收獲的。我們獲得了佛洛伊德式的直覺力，所有認識到精神分析的價值的人都共享這種直覺力，即人類體驗，包括我們自己的體驗，所涉及的要「遠超過眼睛所見」；而且我們感覺到，不論這「多出來的東西」可能是什麼，它就是深深困擾著我們的關鍵所在。

佛洛伊德式的潛意識

首先，持有現代觀點的我們，盡可能從佛洛伊德的觀點來看
41　佛洛伊德式的潛意識。在科學經驗主義占統治地位的世界裡，佛洛伊德是如此地想要被接受；然而，一個諷刺的反轉是，完全無法驗證或測量的潛意識，在佛洛伊德看來卻是真實的絕對權衡。他（Freud, [1915] 1957）甚至向康德尋求靈感：

> 潛意識心理活動的精神分析假設……是康德對外部知覺的修正觀點的一種延伸。正如康德所告誡，不要忽略知覺是有主觀條件的，因此不能把它與那些不可知但

被感知到的視為同等；精神分析也告誡我們，不要把意
識到的知覺與作為他們對象的潛意識心理過程視為同
等。（p. 171）

佛洛伊德進一步用康德式或先驗的辯論形式來證明他的觀
點，即心智本身是潛意識的。他相信，意識是漏洞百出的。那些
前來接受精神分析的苦惱的人們，不但展現出適得其反的症狀，
甚至因為這些症狀而承受終身的折磨；不僅如此，普通的日常經
驗也充滿了遺忘、口誤及其他動作倒錯。我們每個人都有難以解
讀的夢，佛洛伊德認為其中大部分都是潛抑，且在意識經驗中形
成許多裂隙，以致我們的生命難以理解。因此，佛洛伊德認為，
我們必須假設心理的「真實」是潛意識的，意識只是附帶現象。
根據定義，潛意識是不能直接體驗的，那是一種推斷的結果。它 42
必須存在，否則我們就無法發現生活中的關聯。它為我們提供了
丟失的連結。

　　現在，我們要思考佛洛伊德式潛意識的一些特點。總地來
說，那是有關人類天性的真理源泉。正統佛洛伊德學派（連同克
萊恩學派）對於人類天性的觀點是極度悲觀的；根據他們對原罪
（original sin）的描述，我們天生就充滿了亂倫的慾望和破壞性
的憤怒。但是這一些在很大程度上都是潛意識的，並不為主體
所知；一旦它們或它們的衍生物噴發為意識，主體就將它們壓下
來，而主體卻因為潛抑給體驗和生活帶來扭曲而遭受著痛苦。只
有分析師，他掌握著關於這個潛意識領域普遍內容的深奧知識，
才能帶領病人進入個體的地獄中，然後再從中返回，達到如釋重
負，或者至少對於所要求的自棄達到更有意識的接受。或者，如

佛洛伊德對疏離的專家所做的隱喻，病人需要的是一個心理外科醫生，他能嫻熟地刺入病人潛意識內部，並對潛意識進行重新組織。理論學說已經規定了潛意識的內容，並且在分析師進行任何共同合作的探索之前已經「知道了」其內容；傳統精神分析的許多專制特徵，都源自佛洛伊德關於潛意識的概念。帶著對潛意識的特權知識，分析師已經被看作是一個 Besserwisser，也就是「無所不知者」。只有分析師掌握著真理，病人只會扭曲事實、一無所知。

佛洛伊德式的潛意識所發揮的功能，就是為意識主體不能忍

43 受的內容提供一個具體的、實體化的倉庫。就像佛洛伊德式的某個隱喻所說的，不管我們把潛意識想像為充滿亂倫、攻擊性本能的沸騰鍋爐，或者是一個有點無序的心理博物館，潛意識心智都是一個容器。假設潛意識容納的不僅僅是笛卡兒式的 cogito（我思），那麼可以肯定的是，它的內容既不清晰也不明瞭。它還容納著比洛克式的觀念更多的內容，儘管那些內容肯定具有表徵或生活經驗的心理副本形式。佛洛伊德式的潛意識包含心理圖像和驅力衍生物，例如願望、衝動、情感，佛洛伊德相信這一切都是以合法的方式彼此關聯的。更重要的是，潛意識包含著所有被壓抑的內容。

潛抑的概念不能與佛洛伊德式潛意識分開。潛意識的內容是被壓抑著的，或者一旦竄入意識的覺察中就會被壓抑；同時，被壓抑的內容自動進入並存在於潛意識中。在佛洛伊德早期著作裡，他認為一個被壓抑的內容開始變得意識化的時候就會引發不愉快；在他後期的著作裡，他認為這樣的覺察會喚起心理衝突。總是存在著諸多需要隱藏的內容：最初是驅力衍生物本身；之後

是那些我們用來將其保持在覺察之外的妥協物。在佛洛伊德的人性觀中，潛抑和潛意識兩者都是與生俱來的，其中包含著一種基本的、天然的惡和羞恥感。在佛洛伊德式潛意識的整個故事當中，家庭和其他發展性脈絡都是次要的，因為兒童及其嬰兒式本能願望是後期問題的根本來源。因此，潛意識被描繪成是內在、無歷史、去脈絡化的罪惡的家園和源泉。

　　儘管如此深層地沉浸在笛卡兒式孤立心靈的思維中，對佛洛　44
伊德而言，這樣的潛意識視角還是發揮了重要的心理功能。在有關佛洛伊德後設心理學的個人和主觀起源的心理傳記研究中（Atwood and Stolorow, 1993），我們發現，透過將痛苦歸於他自己全能的內在之惡，也就是他的亂倫慾望和凶殘的敵意，佛洛伊德使自己免於覺察母親的背叛給他帶來的一系列令人痛苦的早期失望，以及這些失望帶來的強烈情緒影響。在他重要的成人關係中，我們也能看到這種防衛性的置換方式，包括他與威廉‧弗利斯（Wilhelm Fliess）的關係、和他妻子的關係，以及他對於臨床案例的構想。佛洛伊德還把這種防衛性的解決方案，以一種誇大的防衛方式，引入他的性心理發展和病原性理論中。在這些理論裡，初級的病原體被認為是埋藏在心理內部潛意識中難以駕馭的本能驅力。在這個理論視角中，理想化的父母形象，尤其是理想化的母親形象被保存下來；佛洛伊德（Freud, [1933] 1964）在一個重要的陳述中，把母親和兒子之間的關係形容為「所有人際關係中最完美、最不矛盾的」（p. 133）。佛洛伊德對於伊底帕斯神話的應用，完全忽視了父親弒子的衝動在形成悲劇事件的行動中所扮演的核心角色。這種同樣的防衛性原則，注定也塑造了佛洛伊德關於精神分析情境的觀點，他纏繞在父母身上的防疫線也

段，死亡最多也不過是非常典型地被認為是一種潛在的、可能的離開，到一個在地理上遙遠的地方。安娜在意識中用於解釋父親不在的幻想，其中有一個普遍要素：她認為父親生活在俄國的某個地方，有一天會回到她身邊。在整個童年期和成年期，首先是在意識上，後來是在潛意識上，她「一等再等」父親回到她身邊，並擔心她可能「算錯了日子」，或者「犯了什麼錯」，以致她錯過了見到他的「最後機會」。

與這樣的自我和超我發展層次一致的是，在安娜的幻想中，她因為父親的離開以及持續的不在場而責怪自己。在關於父親離開的幻想中，有一個特定的場景。事實上，是她發現一紙通知並把它交給父親，該通知指示他去集中營報到。她並不理解這意味著什麼，也就沒有在意。她甚至感到興奮，因為有機會為父親傳遞東西。當她把通知交給父親時，她是愉快地跳躍著跑到他身邊的。之後，她發現這意味著父親必須離開，她感到自己的開心對他而言是一件糟糕的事情。他走了之後，她發展出了一種幻想，覺得他會因為她在傳遞通知時表現得開心而恨她，因為她的開心意味著她並不在意他。她進一步幻想，如果她對那張通知表現出「足夠的歇斯底里」來證明她的愛和忠誠，他就能重回她身邊。

安娜關於父親消失的幻想性解釋的最後一個元素，可以在性心理發展的變化中呈現出來，這也許對性格發展而言是最致命性的。因為父親在她四歲的時候被帶走了，安娜對於他消失的解釋包含著閹割焦慮和伊底帕斯期的衍生物。她發展出幻想，認為父親的缺席是因為她是有缺陷的、令人厭惡的、對他而言毫無價值的。然後她進一步幻想，他離開是因為他在俄國遇到了另一個女人，並選擇和那個女人生活在一起：如果安娜可以從那個偷走他

的女人那裡把他吸引過來，他就會回來了。

　　從分析過程中的素材來看，閹割焦慮的衍生物在她對父親缺席的解釋中扮演了更加突出的角色。父親的喪失加劇並「固著」了在閹割焦慮階段所帶有的自戀性羞愧（narcissistic mortification）特點，安娜在這個階段從父親那裡尋求完整感和自我價值感。在安娜對喪失父親的反應中，她發展出一個清晰、虛構的陰莖，從中可以看出閹割焦慮所具有的重要性。在童年早期，安娜有一個完全意識化的信念，有一個小陰莖從她的陰部長出來，這個信念顯然對她發展中的自我形象和性別認同感都具有災難性的後果。

　　目前討論過的各種解釋和補償性的幻想，是否在技術層面上符合防衛性否認幻想，還有待商榷。看起來，它們主要還是代表了一個四歲的幼兒試圖去適應其認知不足的狀態；也就是說，用特定階段苦心經營的幻想，去填補環境中由於健在成年人支持不足所造成的不成熟的自我及其認知空白。

　　戰爭結束之後，就在她處於潛伏期時，她的認知、自我成熟和擴展的資訊來源讓安娜開始接受和理解父親被監禁和去世的事實，她才正式開始建構一個煞費苦心的、防衛性否認的幻想系統，這個系統一直發揮著讓她的父親繼續存在的作用，直到最後透過分析被解除。在這之後的階段，她的努力可以被恰當地描述為一種阻擋哀悼過程的否認，而實際上她正在發展出哀悼的能力。她對父親複雜矛盾的依戀中那些帶有力比多、攻擊性、自我保護的要素促進了這種否認。

　　為了持續建構這個否認的幻想系統，安娜必須不斷豐富那些她最初用於解釋父親不在的既有幻想。為了否認他的死亡，她現

54

55

在不得不緊緊抓著閹割焦慮和伊底帕斯挫敗的幻想不放。為了維持這個否認系統，她不得不選擇並抓著那些有關父親貶低、拒絕、排斥她的負面記憶不放，同時壓抑所有父親對她的愛、關心和肯定的正面記憶，唯恐這些記憶反駁並危及她的否認幻想。在成年生活中，安娜透過抓著那些真實或想像的體驗不放，進一步支持她的否認幻想。這些體驗往往是關於一個代替父親的人貶低或拒絕了她，或投身於其他女人的懷抱。這些反過來又強化了她關於父親拒絕她或選擇另一個女人，但卻還活著的信念。此外，她阻擋自己體驗到被愛、被肯定或被一個男人選擇，於是她的否認幻想，以及她對父親的熱愛和忠誠就不會受到危害了。

正是從十歲到青春期早期這段時期的境遇，促使安娜的否認幻想最終固化為一種靜態的、無懈可擊的系統。她十歲時，母親再婚。安娜的否認幻想就與許多伊底帕斯競爭和性衝突吻合起來，而安娜希望繼父能夠取代她已故的父親又強化了她的否認幻想，並且變得更加複雜。在這個時期，實際上聰明美麗的安娜，開始覺得自己又醜又蠢、有毛病、「古怪」，並且總被她的幻想的陰莖強迫占據著心神——這些症狀一直伴隨著她，直到透過分析被消除。

對安娜而言，母親的再婚代表了她身邊的成年人第一次心照不宣地承認了父親的死亡，這對消除她的否認幻想帶來出其不意
56 的威脅。因此，安娜被迫加倍努力地去否認和補償，以鞏固她所有用於維持父親還活著的機制。另外，她不得不鼓動自己，讓自己感到完全不受繼父的喜愛並且被虐待；因為承認且接受繼父的感情和關心，可能意味著接受她父親也是愛她、在意她的，也意味著接受父親的不在是因為他死了。透過使用各種閹割衍生物來

阻擋繼父，安娜確保她不會「判斷錯誤」，不會接受父親的死亡，也不會接受繼父，並且和她母親不同；她等待父親，為父親的回歸做好準備。

她的否認幻想最終固化在青春期早期，隨著進入發育期，與繼父公然發生性活動的威脅也加劇了，為了回應繼父的性侵擾和引誘，安娜對自己說：「我真實的父親才不會做這樣的事情」，同時更加極度渴望她真實的父親回歸。她幻想著他從俄國回來，而她母親選擇與繼父生活，安娜則留在親生父親身邊，並享受他的關愛和保護。這就必然促使否認幻想的最終固化。父親活著的否認幻想變成了一個靜態的防衛系統，並給安娜的自我形象、自尊以及她與男性的相處模式等都帶來了不幸的後果。

當然，上述的大部分歷史在移情中又成為重述要點。當分析工作對否認幻想構成有效的面質，並鼓勵安娜接受父親去世的事實時，安娜就陷入充滿憤怒的移情掙扎中；在想像中，她把分析師投射為對她性侵擾的繼父，威脅到她對生父的熱愛和忠誠。 57

治療同盟經受住了這些移情風暴的考驗，安娜最終能夠修通移情並放棄她的否認系統。隨之而來最直接的結果是：她體驗到了遲到的哀悼過程，允許自己想像父親在納粹手中一定遭受了恐懼、漫長的折磨和死亡。（在這期間，她也開始害怕分析師可能會死。）與哀悼過程的展開一致的是，安娜對充滿愛意的父親的正面回憶也急劇恢復；伴隨著這些回憶，她也找回了那些被壓抑的、來自其他男性的愛意的回憶。現在，安娜清晰地認識到，她苦心經營了一個複雜的否認系統，把自己看作是有缺陷的，並犧牲了有關父親及其他男性的愛的記憶，以便能夠免除父親可怕的、令人痛苦的死亡。現在她意識到，他當時肯定經歷了這些痛

苦。為了使他保持活著，她在過去犧牲了她對父親強烈的愛，如今卻因為對父親如何死去的遲來的想像而感到痛苦。

可以預見，隨著安娜接受並哀悼了她父親的死亡，她也開始放棄覺得自己是有缺陷、不被喜歡的。對否認系統和父親死亡的修通，使得被潛抑、被分裂的充滿愛意的父親有可能重現，並且被再度整合。這反過來又表現為，她的自我形象和自尊持續地顯著提升，以及開始逐漸地強烈感覺到當前生活中男性的肯定和愛慕（Stolorow and Lachmann, 1975, pp. 600-609）。

前面提到的這個案例報告證明，只要我們不去挑戰佛洛伊德理論中浸透著的笛卡兒式孤立心靈的假設，佛洛伊德式潛意識對於理解這樣一個戲劇性的潛意識實例提供了清晰明瞭又引人入勝的闡釋。如果從互為主體系統的角度重新思考這個案例，那麼理解又會有何不同？我們能因此得到一個對治療過程及其結果更全面的理論解釋嗎？

首先，瀰漫在這個案例分析中的性心理幻想——即不斷重現的對生殖缺陷和競爭挫敗的想像——不再被看作是一個內在的、去脈絡化的、本能的、基礎的展現，也不再被看作是一個不可改變的、後天形成的、可以預先確定所有人類發展軌跡的總體規劃。相反地，我們把這個具體的意象看作是掌控了安娜體驗世界主題的戲劇化表徵。在安娜的心理發展過程中，在她與照顧者之間形成的互為主體性互動模式中，這個主題被具體化了。當然，這些關係性的模式及其形成的組織原則本身，也受到鑲嵌於其中的歷史、文化、語言脈絡的影響。

即使在很大程度上，安娜在父親去世時具有的認知能力，促成了關於這個悲劇事件的詮釋，但也必須要放在脈絡中考慮。關

於父親的死亡，安娜所能瞭解到的內容，是由她感覺到照顧者允許以及不允許她知道哪一些內容而共同決定的。在已發表的案例報告中提到「母親的遺漏和扭曲」，這並不只是簡單地體現了安娜缺乏整合戰爭和父親死亡的殘酷現實的支持。對安娜而言，它們還強烈傳遞了在發展系統中，什麼感知和知識是被允許、可接受的。安娜「沒有能力」知道父親的死亡，以及後來的否認，有一部分可以被理解為母親要求她不該知道而她服從了，這個服從被緊緊地編織進安娜感知世界的結構中，固著了體驗視域，以致如此劇烈地限制了她的自尊，以及在她與男性的關係中對自己的感覺。 59

聚焦於安娜的情感，我們就能進一步脈絡化她的潛意識。正如〈前言〉所強調的，精神分析的動機性原則從驅力轉向情感，這是互為主體性理論的標誌性特點之一。我們認為，這個轉向具有重要的理論意義，因為它自動包含了人類動機和潛意識的脈絡化。阿倫（Aron, 1996）指出，聚焦於情感已成為當代精神分析理論的特徵。蘇利文（Harry Stack Sullivan, 1953）討論在母嬰之間相互傳染的焦慮時，就已經提到了聚焦於情感的脈絡化意涵。

瀰漫在安娜體驗世界中突出的情感狀態，在已發表的案例報告中被省略了，儘管這在臨床筆記中有充分的呈現——也就是安娜稱之為「難以名狀的恐懼」。這個情感狀態，被她體驗為身處一個危險的、消滅性的世界中，感到淹沒性的孤獨、脆弱和無助。隨著回憶起戰爭和納粹年代的恐怖畫面，尤其是父親的監禁和死亡，這種情感狀態在分析中一再重現。在這裡我們認為，這些創傷性的狀態最重要的特徵在於這個恐懼是「難以名狀的」。如何理解這一點呢？ 60

　　顯然，之前討論過「母親的遺漏和扭曲」不僅限制了安娜的認知，而且對於她的情感發展也造成了極強烈的剝奪作用。安娜認為母親對她一貫的情緒體驗一直是毫不知情的。當然，對於一個必須扭曲家庭日常生活中某個恐怖事件的母親而言，她無法清晰有效地同調女兒的恐懼及其他痛苦的感受。因此，直到在分析中被清晰呈現之前，安娜情感中最痛苦和可怕的部分，依然處於沒有被完全符號化的狀態──「難以名狀的」。另外，她似乎把母親的扭曲體驗為一種跡象，表明自己的痛苦情緒是不被歡迎的；也體驗為一種禁令，不要去感受或命名自己的情感痛苦，而是把最難以承受的情緒狀態攔在符號化體驗的視域之外。因此，保持父親還活著的否認系統的另一個來源──或許是最重要的來源──在於安娜順從了母親的要求，她不去感受或說出自己的哀傷。

　　現在，我們從體驗世界的視角來重新考慮安娜的性心理幻想。安娜的世界被無法理解的創傷性喪失粉碎了，不僅因為籠罩61著難以言說的恐懼，還因為沒有人承認它。她的幻想可以被理解為：面對母親的謊言，她不顧一切地試圖從災難的碎片中重構一個體驗世界。她需要理解自己體驗到的喪失，以及與他人的否認之間極度明顯的不一致。這個理解的過程甚至需要更多努力，去填補她那個被創傷性毀滅了的世界所缺失的部分。她的幻想不再被看作是潛意識本能驅力的衍生物，而是在試圖組織她的體驗，是這個基本需要的一種創造性表達。如我們提到的，因為承受了足夠多的創傷性衝擊，包括否認、不關心、失效的背景脈絡，這些幻想變得僵化了，變得對安娜而言是十分有害的。然而，不論看起來多麼古怪，它們還是能夠被理解為一種努力，試圖去命名

那些無法命名的部分。

　　最後，我們考慮發表的報告中被遺漏的另一個關鍵因素，以便對安娜在分析中的收獲進行脈絡化：分析師與病人的移情關係，也是他在自己的分析中所探索的。分析師十分愛他的母親，在整個童年期和青春期，他想盡辦法渴望釋放她的情緒活力，他認為她的情緒活力被包裹在長期木訥的憂鬱之牆背後。這些感受在他與安娜——這個他深深關懷著的人——的關係中被強烈地重現出來。一旦安娜對她父親去世的否認被揭露，分析師就能馬上看到，她想要終止的哀傷正是能夠解開束縛她情感活力的關鍵。如果他能夠觸碰到她的哀傷，那麼他就能為安娜做他從來無法為他母親所做的。安娜的母親不能忍受女兒的哀傷；與安娜的母親不同，分析師想要並歡迎哀傷，而我們相信這一點是一個強而有力的治療性因素，能夠幫助她放棄否認系統，並欣然接受她是一個令人渴望的、有價值的、可愛的女人。 62

　　安娜體驗視域的拓寬發生在治療關係中，具體體現為她的生命史得到了戲劇性的修正，這期間她開始放棄否認系統，並為父親感到悲痛。在某次分析會談的一開始，她告訴分析師，她記起父親給了她一輛「糟糕的黃色玩具馬車」，長久以來它一直是父親不愛她的一個象徵。然後，她說她想到了已經「完全忘記了」的事情：最初父親給她買的，是一輛「嶄新的、非常漂亮的」粉色玩具馬車。在分析中，她想起她無意中聽到家人在討論要給她一部三輪腳踏車作為禮物，但是父親反對，堅持認為一個漂亮的女孩應該要有一輛漂亮的玩具馬車。她進一步回憶說，有一天她把珍貴的馬車帶到遊樂場讓另一個女孩玩，後來那個女孩就把它拉走了，然後就再也找不到了。她父親買了那輛糟糕的黃色馬

車取代弄丟了的那一輛。（漂亮的玩具馬車被偷走，之後被一輛糟糕的**黃色**馬車取代，這個記憶可能也是一種屏障記憶，隱喻性地編碼了反猶太迫害給安娜的體驗帶來的破壞性影響）。她說她現在理解了，「遺忘」第一輛漂亮的馬車，也就是父親的愛的象徵，發揮了維持幻想的作用，為她「解釋」父親為什麼不再回到她身邊；她透過這一切讓父親繼續活著。她接著想起了許多其他關於父親愛她的例子。回憶起漂亮玩具馬車，同時也象徵了她與分析師關係中發生的過程；在分析師那裡，她同時找到了一個能夠幫助她哀悼的母親，以及一個她童年喪失的愛她的父親。就像限制世界視域一樣，覺察視域的擴展也只能夠在形成視域的互為主體性脈絡中被理解。

安娜的分析師與她一起，為她難以名狀的恐懼創造了一個舒適的家。他承認她哀悼的需求，這讓她能夠去認識、命名和重組早期創傷性喪失帶來的恐懼；她一直被痛苦地困在其中。在她母親能夠允許的世界視域之外，解釋這個喪失需要富有創造性的幻想，但是這些幻想變得僵化了，因為它們一直阻隔了對話和探問。如果一個心理世界想要發展和擴大，類似的質疑性對話是不可或缺的。而且，也正是這種質疑性的對話，而不是對於一個孤立的潛意識心靈的挖掘，才是精神分析工作的精髓所在。

作為對安娜的分析重新概念化的回應，同事們提出了這個問題：這個新的理解如何改變對安娜的治療？對於安娜無法知道父親的死亡具有的治療性涵義，一個最清晰的概念轉換在於：我們現在較不著重於面臨喪失時她的認知能力有限，而是更著重在她對母親要求的順從，以致她的哀悼一直沒有被命名。針對一個在三十年前進行的分析過程做事後預測，是相當困難的。在我們看

來，對於安娜潛意識的不同理解，可能給分析過程帶來重大改變；在她「充滿恨意的移情掙扎」中，她的分析師主動面對她的否認幻想，並鼓勵她接受父親的死亡。有了新的理解，在這些掙扎重複出現的時候，他或許能夠去探尋，安娜是否擔心他可能無法忍受她浮現的哀傷，就像她母親一直以來的狀況；同時，他也可能會去探尋，她是否在回應任何來自分析師的那些可能產生類似期待的東西。她會不會因此把分析師的面質和鼓勵，體驗為正在促使治療關係走向失敗？此一情緒的確認闡明組織著安娜對於分析性交流的體驗，極大地深化了治療性連結，進一步拓展了她哀悼的能力；更廣泛而言，這個過程拓展了她體驗、命名和整合痛苦情感的能力。

　　然而，作為一種後見之明的進一步反思，我們必須意識到，在分析中，分析師的觀點就已經開始改變了。安娜的年輕分析師已經開始與她在脈絡中工作，儘管他的指引性框架還處於萌芽階段，還未被系統闡述，仍然處於未反思、難以形容的狀態。直到多年後，當他交流性的脈絡思考能夠讓他的世界視域更為拓寬，採取一種關於病因學和治療過程的互為主體性系統視角，那處於發展中的、臨床風格的、前理論性的部分才能被清晰地命名。我們相信，一個分析師的理論視域有類似這樣的擴展，將有益於治療結果，這樣的擴展在一定程度上讓分析師更能夠理解病人迄今仍然含糊的體驗世界。然而，到目前為止，分析的雙生結構仍然發揮著一個複雜且非線性動力系統的功能（Stolorow, 1997），因此其中的任何因素（例如分析師的理論）的改變所帶來的特定治療性作用，都無法被準確地預測。當我們最初探討互為主體性脈絡在分析過程中所扮演的角色時（Stolorow, Atwood, and Ross,

65

1978），我們無法預測到這個擴展的視角對於治療實踐所帶來的後果效應——例如對精神疾患的治療（見第八章）。因此，我們帶入治療行為理論的態度是一種可謬性的態度（見第六章），必須輕鬆而不是墨守成規地看待它們。在當前精神分析世界風雲變幻的視域中，還有許多的未知。

【第四章】寇哈特與脈絡主義　67

「我」透過使世界成為我的世界而呈現。

　　——路德維希‧維根斯坦（Ludwig Wittgenstein）

　　世界是我所有思想和所有外在感知的自然環境和場域……人是在世界中的，也只有在世界中才能認識自己。

　　——莫里斯‧梅洛—龐蒂（Maurice Merleau-Ponty）

　　一個原創者所能做得最多的事情就是把前輩們重新放在一個脈絡中。他或她不可能渴望創作出自己無法脈絡化的作品。　　　　——理查‧洛帝（Richard Rorty）

　　本章的意圖是描繪出一幅海因茲‧寇哈特的肖像，在這個肖像中，他是後笛卡兒主義和完全的脈絡化分析取向心理學發展中的一個關鍵性過渡人物。我們的討論將觸及兩方面：一方面他把精神分析理論從笛卡兒式孤立心靈思維的傳統中解放出來；另一方面，他的觀點在一定程度上卻依然深陷其中。因此，即使尊敬他在精神分析思想變革中巨大的歷史重要性，我們也會挑戰那些 68 將他的話看成是空前絕後的人。

　　首先，讓我們以一種放置在歷史脈絡中的方式來處理這個主題。我們先討論寇哈特以及我們自己的脈絡主義的歷史來源和發展過程。

我們可以在一系列心理傳記研究中找到精神分析脈絡主義最早的萌芽，這些心理傳記研究在 1970 年代中期出現；我們探索了佛洛伊德、榮格、威廉·賴希（Wilhelm Reich）、奧圖·蘭克（Otto Rank）等人的理論體系中個人化的、主觀的來源。這些研究形成了我們第一本書《雲中的臉龐》（*Faces in a Cloud*, Stolorow and Atwood, 1979）的基礎。雖然這本書的第一版沒有介紹**互為**主體性的概念，但這個概念已經清晰地蘊含在我們的闡述中——一個心理學理論家的主觀世界如何深深地影響他或她理解另一個人的體驗。從這些研究中，我們得出結論，認為精神分析本身需要的是一個主體性理論——即一個整合性的框架，它不僅能解釋其他理論所處理的現象，而且能解釋這些理論本身。由此，我們勢不可擋地轉向了精神分析一個全然現象學的概念。在我們看來，在所有的抽象和一般性層面，精神分析理論都是一個關於人類體驗的深度心理學，關乎其發展、潛意識組織及其治療性轉化。因此，在我們的下一本書中（Atwood and Stolorow, 1984），我們發展了互為主體性場域的概念作為基礎理論建構的框架，這本書的副標題是「精神分析現象學中的探索」。

69　　如果說對精神分析理論（作者）主觀起源的探究把我們引進了現象學，那麼反過來，對現象學的投入促使我們最終承認一個完全脈絡化的主體性。我們認識到，主體性只能是一個主體在歷史脈絡中的體驗。成為一個體驗著的主體，就是被置身於過去、現在和未來的互為主體性脈絡中。胡塞爾的現象學化約被轉化為關於複雜性和過程的現象學闡述，作為更大範圍關係系統的屬性。堅持不懈地關注個人體驗的組織，劈開所有孤立的、物化的心理實體，揭示了人類體驗是不可避免地鑲嵌於其結構性的互為

主體場域中的。佛洛伊德（Freud, [1923] 1961a）的心靈內在決定論（intrapsychic determinism）讓位給了一個徹底的互為主體脈絡主義。

在我們看來，從現象學到脈絡主義的發展進程，也是寇哈特思想發展的一個核心特點。我們透過檢視精神分析理論的主觀來源而產生精神分析的現象學概念，而寇哈特（Kohut, [1959] 1978）則透過檢視精神分析中觀察模式和理論兩者的關係，在我們還不知道的時候就早已產生了類似的概念。帶著科學理論必然與科學的調查方法一致的假設，寇哈特推論道，既然精神分析方法總是包含了內省和同理作為其核心構成部分，那麼只有原則上能夠被內省和同理的內容才屬於精神分析理論的範疇。雖然他沒有直接這麼說，不過非常像我們後來提及的，寇哈特在這裡基本 70 上是在論證，精神分析理論必須是關於人類體驗的深度心理學，因為只有人類體驗及其興衰是可以被精神分析方法研究的。例如，本能驅力這樣的概念必須從精神分析理論中被抹去，代之以驅力的主觀體驗。我們再補充一句，驅力的主觀體驗是一種情感狀態。然而，除了他對於伊底帕斯期再一次的系統論述（Kohut, 1977）之外，寇哈特並沒有進一步聚焦於情感。他在三本書中（Kohut, 1971，1977，1984）重複提到驅力的概念，儘管他逐漸將它們降為一個次級的角色。

雖然採取的方式與我們不同，寇哈特對現象學的強調還是將他引入了脈絡主義。為了理解其中的不同，我們還是再次回到歷史脈絡中。

當心理傳記研究把我們引入現象學時，我們還只是對人格比較理論感興趣的學院派心理學家。我們對人格心理學領域中充

斥著競爭性的流派以及學說，並且呈現為一盤散沙的狀況感到震驚，於是想要建構能提升普遍性和包容性的理論構想，並且能為一個整合性框架提供基礎。年少輕狂的我們，相信精神分析現象學作為一個框架已足夠寬廣，可以包含個人主觀世界的所有豐富性、多樣性和多維性；我們希望精神分析現象學能夠為人格心理學帶來學術變革的基礎，由此恢復它已失去的、對人類體驗和行71 為進行研究的貢獻。諷刺的是，我們的觀點反而為臨床實踐領域帶來了更大的影響力。

　　相反地，寇哈特並不是一個學院派，儘管他大可以成為學院派。1960 年代中期，他是一名精神分析臨床醫生，特別關注自戀和自戀型障礙的臨床問題。因此，寇哈特經由現象學轉而進入的脈絡主義，本質上是對自戀的脈絡化。這項理論貢獻打開了一條先前受到笛卡兒思想阻撓的道路，通達了精神分析對於個體灰飛煙滅體驗的理解（見第八章），同時也顯著影響了我們的臨床思考。自體客體功能（selfobject function）的概念（Kohut, 1971），強調自體經驗的組織總是由其感受到的他人回應所共同決定的，這是脈絡化最好的一個例子。在寇哈特看來，自戀和自戀型障礙不再被看作是一個能量處理機器的機械化產物——這個機器中攔截的力比多貫注被分流進原始唯我論的避風港中；而且被認為其根源在於照顧者無法提供發展所需要的心理營養物，是一種人類關係的失敗。這一自戀脈絡化的結果，是哲學家哥特佛列德‧萊布尼茲（Gottfried Leibniz）「無窗的單子」能夠發現一些窗子了。不幸的消息是，正如我們所見的，根本而論它們依舊是單子。

　　隨著寇哈特對自戀的脈絡化一起產生的，是臨床的感受性，

他明確地留意到分析師對移情連結的破壞有其責任。暴風驟雨般的移情反應並沒有被理解為病人孤立心靈內部病態的產物；用我們的話來說，那是病人一分析師系統屬性的浮現。 72

　　與對自戀的脈絡化一樣具有價值和開創性的，是寇哈特（Kohut, 1977）隨後把他的自戀心理學提升到作為整個人格的後設理論高度，即關於自體的精神分析心理學；這個做法產生了一些棘手的問題。首先，自體心理學是單維度的，只關注體驗和移情——其形成、破壞與修復過程——中的自戀或自體客體維度，這項特點逐漸變得具有化約性，忽視了其他重要維度，因而不能將其他重要維度脈絡化。更嚴重的問題是，它潛伏著從現象學轉向本體論、從體驗轉向實體的危險，這種轉向讓人想起佛洛伊德（Freud, [1923] 1961a）從以潛意識情緒衝突為中心，轉向用假定的三位一體的心理結構來進行解釋。寇哈特從現象學跳躍到本體論，這意味著自體作為一個在持續存在的脈絡矩陣裡產生的體驗之中具備流動性的那一面，將被替換成一個具體化的、高高在上的、能動性的實體，一個具有極點和張力弧的本體存在，其發起的動作是為了恢復自身妥協性的內聚力。這樣的具體化過程，在他的臨床理解中也以絕對化、普遍化的形式存在著；在其中，寇哈特苦心經營的對自戀的脈絡化也被部分地瓦解了，導致對心理缺陷過分崇拜式的強調，並產生了關於自體缺陷的學說（Orange, Atwood, and Stolorow, 1997）。在這裡，笛卡兒式的孤立心靈又以一種浪漫的形式回到了原始核心自體中，帶著固有的、預先確定的設計，等待一個能夠使它開展的反應性環境 73（responsive milieu）。相反地，我們的觀點是，在每一個點上自體體驗的軌跡都在生活週期中形成，並在互為主體性的脈絡中結

晶。現象學讓我們永遠在脈絡裡。

正如巴卡爾和紐曼（Bacal and Newman, 1990）提出的，寇哈特似乎並不樂意把他的框架看作是關係性的理論或二人理論，這可能是因為他想要保持與佛洛伊德式精神分析心理內部的（也是笛卡兒式的）傳統連結，並且防止被認為具有人際或社會心理學的特徵。相反地，後笛卡兒式的脈絡化心理學放棄了執著於心理內部與人際的二元區分，承認對於個體而言，他或她的個人體驗世界只是包含在一個關係性或互為主體性的超系統中的一個子系統（Stolorow, 1997）。

接下來，我們將討論精神分析轉向脈絡主義的認識論維度。我們已經提出，這一轉向本身就是精神分析思維脈絡化的過程，它具有視角主義（perspectivalism）或視角現實性（perspectival realism）的特點（見第六章）。精神分析中笛卡兒式孤立心靈的思維方式在歷史上一直與技術理性（Orange, Atwood, and Stolorow, 1997）和客觀主義認識論相關聯。寇哈特是精神分析思想從笛卡兒式到後笛卡兒式認識論轉向中的過渡人物，這可以從以下這一點看出來：一些評論者，如萊德（Robert Leider, 1990）和吉爾（Merton Gill, 1994）在寇哈特的著作中發現了顯示其客觀主義態度的證據；而另一些人，比如我們（Stolorow, 1990; Orange, 2000）則發現了其指向視角主義的先鋒思想。後一種傾向可以在他所主張的信念中反映出來，他相信「我們對現實的感知具有相對性，而且塑造觀察和解釋概念的組合框架也具有相對性」（Kohut, 1982, p. 400）。在《精神分析治癒之道》（*How Does Analysis Cure? Kohut, 1984*）中，他提出了明確的對比：從傳統精神分析到自體心理學的轉向，就好比從牛頓物理學到普朗克

74

的原子和次原子粒子物理學的轉向，在這個過程中「被觀察的領域必然包含觀察者在內」（p. 41）。這個觀點與我們（Stolorow and Atwood, 1979）早期強調的觀點是高度契合的；我們認為在精神分析理論的創造過程中，觀察者和被觀察物之間是不可分割的。

除了這些重要的進展，寇哈特的思想中還有笛卡兒式客觀主義認識論的殘餘，尤其體現在他對分析性同理的概念化過程中。他恰如其分地把適當的分析性姿態定義為「通常是一種期待的回應，這個期待來自那些把他們的生活投身於幫助他人的個體，通過同理性地浸入他們的內在生活而獲得洞見，帶著這種洞見得以幫助他人」（Kohut, 1977, p. 252）。令人遺憾的是，他同時也聲稱這種同理「本質上是中立和客觀的」（Kohut, 1980, p. 483），從而把它去脈絡化了。同理的姿態從來不是中立的，不像傳統關於節制、匿名、等距的準則那樣，它鑲嵌於理論化的信念系統中，為了促進自體感的發展而強調情緒反應的作用（Stolorow and Atwood, 1997）。另外，正如寇哈特（Kohut, 1980）自己充分理解的，「一個能使個體把自己的『同理的意圖』持久地延伸向他人的情境」（p. 487）肯定不會被病人體驗為是中立的，如其所是，它是深深地渴望被理解的相遇過程。

認為分析師的同理意圖是客觀的，這一論點特別具有笛卡兒式假設的意味。這似乎在說，一個孤立的心靈（分析師）透過一扇窗戶進入另一個孤立的心靈（病人）的主觀世界。分析師把他或她自己的心理世界幾乎都留在外面，用一雙純然不帶先入之見的眼睛直接凝視病人的內在體驗。從我們的有利觀點看來，這個有關「完美無瑕的感知」的學說，否定了分析性理解所固有的互

75

【第五章】關係性精神分析中的笛卡兒哲學傾向 77

　　帶來如願以償的改變時，我們所遇到最大的困難之
一，是這樣一種幾乎不可避免的幻想，即認為有一個持
續、獨特、單一存在著的自我，〔這個自我〕以某種奇
特的方式，做為病人或主觀個體的私人所有物而存在。
　　　　——哈利·史塔克·蘇利文（Harry Stack Sullivan）

　　在過去二十年間已經出現了一些觀點，期望在不同程度上把
精神分析理論從笛卡兒孤立心靈的思想中解放出來。在所有致
力於創建一個後笛卡兒式精神分析理論的努力中，包括寇哈特的
自體心理學（第四章）、我們的互為主體性系統理論（Stolorow
and Atwood, 1992），以及以米契爾（Stephen Mitchell）和阿倫的
重要著作為代表的美國關係學派理論。

　　雖然米契爾（Mitchell, 1988）並沒有受到我們早期試圖在精
神分析中闡釋一個互為主體性及脈絡主義的視角（例如 Atwood
and Stolorow, 1984）的相關工作所影響，但是他對於關係模型理
論的一般描述與我們的觀點高度契合： 78

　　　　在這個構想中，研究的基本核心不是個體做為一個
分離的實體，而是做為一個互動的場域，在其中個體想
要並努力去建立連結並明確地表達自己。**慾望總是在關
係的脈絡中**被體驗的，而正是這個脈絡定義了它的意

義。心靈由關係性的結構組成……體驗被理解為透過互動而形成的結構。（pp. 3-4，重點標示為原著強調）

在類似的脈絡中，阿倫（Aron, 1996）寫道：

關係理論是基於這樣一個轉向，即從古典分析的觀念轉向關係性的觀點。前者認為研究的是病人的心靈（在這裡心靈被認為是獨立自主存在於個體邊界內部的），後者認為心靈與生俱來就是二元一體的、社會的、互動性的、人際間的。從一個關係性的視角出發，為了探究心靈，分析的過程必然涉及對互為主體場域的研究。（p. x）

在本章中，我們試圖論證，儘管米契爾、阿倫和其他關係性思想家們的主要貢獻，是將精神分析理論重新塑造為一個脈絡性的理論，然而在一些關鍵的層面上，關係性的精神分析依然落入79 了其致力推翻的笛卡兒主義魔掌。首先，我們簡略回顧蘇利文和費爾貝恩的著作，這兩位理論家的貢獻常常被視為當代關係理論的先驅。之後，我們會對許多關係性對話中出現的「此時此地」思維提出質疑。討論一些具影響力的互為主體性概念之後，我們接著提出對投射性認同概念的批判，這個概念目前在關係理論圈相當風行。最後，我們檢視關係性理論中盛行的混合模型。

我們想要強調，在這裡批判性地提出來評論的這些著作在理論上都是進步的，並且都有著深厚的歷史意義和巨大的臨床價值。不可否認，我們的批判是片面的，其目的不是要公正平衡地

描繪這些研究的貢獻。相反地，我們的目的在於試圖揭示和挑戰那些即使在最進步的觀點中仍然隱藏的笛卡兒式假設。甚至，我們持續在自己的思想中尋找類似隱藏的假設。我們同時也意識到，對傳統精神分析中笛卡兒主義的挑戰，最早是由「存在精神分析」提出的（例如 May, Angel, and Ellenberger, 1958）。然而，這些存在主義分析的作者試圖把孤立哲學的反思所衍生的概念——例如海德格的本體論分類（Heidegger, [1927] 1962）引入精神分析理論中，而不是把他們的想法扎根於精神分析情境的互為主體性對話中。

蘇利文

　　人際精神分析發展自蘇利文（Sullivan, 1950, 1953），他試圖強調社會互動的向心性，以此取代佛洛伊德理論中的心靈內在決定論。蘇利文甚至希望在社會科學領域中重新定位精神病學和精神分析。然而，他探究的立場卻是搖擺不定的，一會兒站在涉及互動（互為主體視角）的體驗世界**內部**，一會兒站在事物的**外部**，試圖做出符合「同感驗證」（consensual validation）的客觀觀察。後一種立場可以從蘇利文「情緒失調的扭曲」（parataxic distortion）這個概念中看出來；這一概念是指，一個人當前對他人的體驗過程，被認為是受到他或她過去個人歷史的影響而「變形」的。我們希望在這裡指出，「情緒失調的扭曲」這一概念是笛卡兒孤立心靈學說的一種變體，一個與「客觀」現實分離的心靈，這個心靈要不就準確理解，要不就扭曲。這個客觀主義立場與前一種立場相對立，前一種立場認為一個人的現實總是由周圍

環境的特徵，以及個體看待這些特徵的視角所共同決定。

費爾貝恩

　　費爾貝恩（Fairbairn, 1952）後設心理學的基石是，他假設心理的首要驅動是個體的關係性，而不是本能釋放。因此，對費爾貝恩而言，力比多總是尋求客體，而不是尋求快樂；它是關係性的，而不是享樂的。根據費爾貝恩的理論，嬰兒與照顧者的關係只有在遭遇失敗時才會出現內化。嬰兒試圖把需要的他人所擁有的壞的部分變成他或她自己的一部分，以此來剝奪、破壞或損傷關係，從而保護連結，維持獲得愛的希望，並實現對周圍環境進行全能控制的幻想。一個充斥著分裂和潛抑的內在心理世界，做為嬰兒與照顧者有缺陷關係的一種防衛性和補償性的替代物，這一鏈條就這樣建立了。費爾貝恩的觀點與笛卡兒主義相去甚遠的最重要一點是，心理的基礎結構化過程被看作是與他人互動的早期體驗模式的結果。心理發展是嬰兒—照顧者系統的產物。

　　儘管費爾貝恩強調了周圍環境在早期發展經驗中關鍵的重要性 —— 米契爾（Mitchell, 1988）恰當地稱之為「發展傾斜」（developmental tilt）—— 但是，在費爾貝恩的理論觀點中，內在心理世界一旦建立，就被視為一個操作性的封閉系統、一個笛卡兒式的容器，其中居住著一系列內化的角色。這些內化的客體關係被看作具有動力性的主動結構，有時表現為內驅力，有時像惡魔——像是有自己的生命一樣自主獨立。因此，在關於完全結構化心靈的觀點中，費爾貝恩重新回到了一個孤立心靈的形象，這個心靈的活力與周圍環境的結構性影響相隔離。在分析的情景

中，這種笛卡兒主義的殘餘阻礙了對病人的移情體驗進展的識別和探索，這些移情體驗是由分析師自身的人格、理論假設、詮釋風格共同決定的。

費爾貝恩的發展理論強烈影響了後來客體關係理論家的研究。例如，科恩伯格（Otto Kernberg, 1976）修訂了佛洛伊德的驅力理論，他將人格結構的基礎構成描繪成由自體形象、客體形象和情感所構成的單元。具有積極情感效價的單元合併進了力比多驅力之中，而那些具有消極效價的單元則構成了攻擊驅力 82 的基礎。儘管科恩伯格承認情感具有早期發展性和動機性的重要性——另一個發展傾斜的例子——然而，一旦整合進持久的自體—客體—情感單元中，情感狀態就會表現為內驅力，在笛卡兒式孤立心靈的邊界內激起和觸發各種扭曲的防衛性活動。從而，在持續進行的互為主體系統中，就丟失了對情感體驗進行持續一生的根植化過程。

此時此地的思維

目前為止，在當前關係性論述所考慮的各種脈絡中，最突出的是被分析者—分析師的雙生結構（dyad）。關係性理論家如米契爾（Mitchell, 1988）、阿倫（Aron, 1996）、霍夫曼（Irwin Hoffman, 1983）和雷尼克（Owen Renik, 1993），不僅對理論上和臨床上專門聚焦於心理內部的現象提出了廣泛批判，而且主張持續關注分析師對臨床現象以及意義形成和轉化的貢獻。我們的研究堅持認為，分析師和病人形成了一個不可分解的心理系統，兩個參與者的組織活動對於理解在互為主體場域中發展出的意

義，近來關於互為主體性的精神分析論述也是一團迷霧。發展主義者如史騰（Stern, 1985）使用**互為主體的關聯性**（intersubjective relatedness）一詞，這是一種發展性的能力，將另一個個體識別為一個分離主體。同樣地，潔西卡·班哲明（Jessica Benjamin, 1995）吸收了黑格爾（Hegel, [1870] 1977）關於「自我意識是透過個體反思性地意識到另一個人而實現」的觀點，把互為主體性定義為一種互相的認可。反之，湯瑪斯·奧登（Thomas Ogden, 1994）把互為主體性等同於一種前反思的、很大程度上為身體性的、分享的體驗維度。在我們看來這只是其中一種維度，稱之為**潛意識的非語言情感交流**。我們認為，互為主體性的含義是更為寬泛、更具有內涵的，在其中形成的所有體驗，不管在哪一個發展層次——語言或前語言，分享或單獨（Stolorow and Atwood, 1992），指的都是關係性的脈絡。對我們而言，一個互為主體性的場域——任何系統都是由互動的體驗世界構成，既不是一種體驗模式，也不是一種體驗分享。它是產生任何體驗的脈絡性先決條件（Orange, Atwood, and Stolorow, 1997）。

　　互為主體性的黑格爾式互相認可模式讓臨床工作的焦點發生變化，病人認可分析師的主體性，這個目標似乎定義了精神分析的過程，並且可以作為評價精神分析是否成功的一種標準。例如，班哲明（Benjamin, 1995）主張：「在一個理論中，每個主體不再發揮絕對支配作用，這樣的理論必然面臨的困難是每一個主體需要認識到他人也是同等的體驗中心」（p. 28）。她的互相認可理論「假設為了使自體完全地在他人**在場**的情況下體驗他或她自己的主體性，就必須將他人認可為另一個主體」（p. 30）。在我們聽來，班哲明的主體不論是「自體」還是「他人」，都非常

86

像單子論的笛卡兒式心靈實體，只是他們的客觀性和獨立性並不是預先給予的，而是透過互相認可的互動過程實現的。

在班哲明的框架中，幻想是互相認可的對立面，因為「所有的幻想是對真實他人的否定」。這個真實他人被定義為「被感知為外在的、與我們活動的心理場域不同的一個人」（p. 45）。這裡，我們看到其觀點急劇回歸到笛卡兒式主體─客體分裂中，將絕對的外在現實，與感知、扭曲和否認它的心靈分離開來。但是，根據那些去脈絡化的、先入為主的上帝視角的觀點（Putnam, 1990），我們能夠說什麼是真實，什麼又不是嗎？雖然哈伯瑪斯（Jürgen Habermas, [1971] 1987）對於**互為主體性**這一概念的使用啟發了班哲明，但是她（Benjamin, 1998）還是批評哈伯瑪斯沒有「充分關注主體的毀滅性全能感」（p. 93）。即使是哈伯瑪斯也不會聲稱他對溝通過程有最終確定或預先的瞭解。

可以看出，梅蘭妮・克萊恩（Melanie Klein, 1950b）關於內在毀滅性的觀點已經在一些關係性的層面逐漸發展為一種否定「真實」他人的觀點；唐諾・溫尼考特（Donald Winnicott, [1969] 1971）可能讓這個觀點變得更加令人愉悅。另一個黑格爾式的克萊恩派人物奧登（Ogden, 1994）將精神分析定義為「努力去體驗、理解和描述這一辯證性轉換的性質，這一轉換形成於被分析者對分析師的創造和否認，以及分析師對被分析者的創造和否認」（p. 6）。班哲明和奧登的概念化都共同構想了一個實體化的笛卡兒式心靈，進行互相的認可、創造和否認。雖然黑格爾的反思模型受到了二十世紀現象學家和存在主義者們徹底的批判，但是看起來還是成了某些關係性精神分析師用來勸誡的方式，期望讓具有攻擊性的克萊恩式嬰兒變成更道德、更不自私的成人。

這樣一個潛在的道德議題產生了一個有害的臨床後果，本來作為提問對話或共建意義的精神分析（Orange, 1995）倒退為分析師將認可的要求強加在病人身上，而且病人認可的能力被看成是衡量分析過程的方法。相反地，我們自己的互為主體性系統理論並不強加這種預先決定的發展結果，只是去擴展病人體驗的視野，豐富他或她情感生活的可能。在動力性的互為主體系統中，發展的結果或治癒性的過程是不帶強制地自然發生，而不是預先設定或可預測的（Stolorow, 1997）。

班哲明（Benjamin, 1998）最近聲稱我們的觀點應該被歸為一種人際理論，由此支持了她自己的互相認可理論中的**互為主體性**概念。但是，在其發展歷史過程中，人際理論常常過於聚焦在明顯的社會行為，關注「誰對誰做了什麼」的問題，例如病人的挑釁、操縱、脅迫、先聲奪人等等。相反地，我們的互為主體性視角並不是關於行為互動的理論。它是一種現象學場域的理論或者動力系統理論，試圖闡明互相交織的體驗世界。這是我們最初使用互為主體性一詞的含義（Stolorow, Atwood, and Ross, 1978）。

投射性認同

我們將投射性認同的概念視為關係性精神分析中最後一個看似無懈可擊的笛卡兒主義堡壘。當代的關係理論家通常都使用人際版本的投射性認同概念，也就是克萊恩（Klein, 1950b）所描繪的，一種最初的幻想被轉化為一種實際的、互為因果的人際過程，在這個過程中個體要將他自己的部分置換到另一個人的心理或身體中。在這個層面，我們來看科恩伯格（Kernberg,

1975）關於英格瑪・伯格曼（Ingmar Bergman）的電影《假面》（*Persona*）的討論：

> 最近的一部電影描繪了一位不成熟但基本上正派的年輕女護士，在照顧一位有嚴重心理疾患的女性時幾近面臨崩潰……面對冷酷而肆無忌憚的剝削，這個年輕護士逐漸崩潰了……那位患病的女性看起來似乎只能靠摧毀對另一個人而言有價值的東西才能存活……在戲劇性的發展中，護士對這個患病女性產生了極度的恨意並殘酷地虐待她……**就好像這個患病的女性內在所有的恨意都轉移到了幫助者身上，並從內部摧毀了幫助者。**（pp. 245-246，重點標示為本書作者強調）

89

在這裡，我們看到一幅笛卡兒式孤立心靈不受約束的畫面，呈現了一個單向的影響系統。在其中，主體自身全能的內在心理活動不但創建了自己的情緒體驗，而且創建了另一個人的情感狀態。

投射性認同具體描繪了一個心靈實體如何將它的內容轉移到另一個心靈實體中，我們認為投射性認同的學說具有笛卡兒式孤立心靈思維的特徵。然而，不論以何種形式，在當前的關係性理論論述中這個概念都是非常流行的。例如，米契爾（Mitchell, 1988）似乎採用了一種不同的投射性認同——他認為在病人的腳本中，分析師不可避免地會成為一個「協作者」，「上演**病人陳舊的劇情**」（p. 293，重點標示為原著強調），並且不可阻擋地陷入「病人預先設計好的範疇中」（p. 295）。奧登（Ogden,

1994）發現投射性認同為他的互為主體性概念「提供了基本的要素」（p. 48）。史騰（Stern, 1994）將投射性認同作為他實行移情—反移情的「整合關係視角」（p. 317）的關鍵理論點。阿倫（Aron, 1996）恰當地批評道，投射性認同概念將分析師描繪成一個空的（笛卡兒式的）容器，不帶自身參與的主體性，但他贊成這個概念具有臨床上的效用。

90　　蘇珊·桑德斯（Susan Sands, 1997）提議將人際版本的投射性認同理論和寇哈特的自體心理學相聯姻。桑德斯闡述道，投射性認同理論試圖「解釋」那些令人不安的互為主體性情境，分析師在其中感到被病人的心靈「占據」或「降服」了，彷彿存在著一種情緒「在身體上流動的交換」，「病人使分析師焦躁不安」（p. 663）。在我們看來，桑德斯在這裡所描繪的是分析師對於入侵、心理篡奪、自我喪失的切身體驗，伴隨著分析師用於組織它們的幻想。這種幻想讓分析師將不安的體驗歸因於病人潛意識的意圖。因此，投射性認同理論將分析師的幻想具體化和詳細化了，把它轉變成一種真實的人際過程（或者更恰當地說，是一種超越個人的過程）。由此，病人的一部分被假設以一種鬼使神差的、被占有的方式置換到分析師之中。現在，同義反覆的循環就完成了，當病人被認為「占據了分析師的內部」（p. 656），並且「透過（她的）反移情來與（分析師）對話」（p. 654）。分析師感到被侵入了，因為他事實上已經被占據了！就這個方面而言，投射性認同理論與影響機器的錯覺（the delusion of the influencing machine）（Tausk, 1917）有極大的相似之處，我們（Orange, Atwood, and Stolorow, 1997）將其理解為一種喪失個人主體體驗的生動具體化過程，這種喪失體驗是由於極度病態地適

應一個異己的意志而產生的（Brandchaft, [1993] 1994）。

　　洛伊‧夏夫（Roy Schafer, 1972）在很久之前就已經證 91 明，對心理行動進行精神分析性闡述是對心理過程的偽解釋（pseudoexplanations），諸如內化和外化採用了涵蓋和排除身體的具體化幻想；而我們（Atwood and Stolorow, 1980）則顯示了這些構想如何將現象學的空間（主觀的）與物理空間（客觀的）相互混合和混淆。投射性認同理論就是體現這種含混的一個引人注目的例子。

　　除了客觀化和同義反覆的循環這兩點謬誤之外，使用投射性認同概念解釋分析師的內在狀態還有其他的問題。例如，將相關關係誤認為是推斷因果關係。分析師感受到的一些東西，在病人的體驗中還處於一種不清晰的形式（相關關係），並不能就此推斷是後者產生了前者（因果關係）。同樣聽起來似乎合理的說法是：在病人不那麼清晰的體驗世界和分析師更為清晰的體驗世界之間，存在著一種連結，即一種互為主體性的回應，一種創建情感同調可能性的連結。總體而言，投射性認同理論在分析師周圍包裹了一道防疫線，阻礙分析師在治癒性的互動過程中發揮組織性活動的貢獻。

　　另外，在投射性認同理論中反映出來的因果模式是一個線性模式：X（病人隱藏的動機）導致了Y（分析師的內在狀態）。我們逐漸認識到，把握關係性系統的變化無常需要一種像動力系統理論所提供的非線性因果模式（Stolorow, 1997）。在動力系統 92 中，模式是透過其要素之間互相合作或協作性的互動形成的，並順著由那些看起來各自孤立的要素（例如病人的潛意識意圖）構成的不可預測的軌跡運行。在這裡，我們並不是要反對那種認為

病人也可能將隱藏的意圖帶進分析情境的觀點。我們反對的觀點是：認為類似的意圖是導致分析師出現內在狀態的原因，並且可以被直接推斷。

再者，投射性認同的歸因所涉及的內在狀態，是那些在很大程度上情感的體驗和表達具有軀體性的狀態；也就是說，在這些狀態中情感無法從一種前象徵的（presymbolic）、身體的形式（bodily form）發展為一種象徵性的清晰感覺。然而，投射性認同理論預先假設存在著高度發展的象徵性過程操作——對自體、他者和兩者之間有意的情感交流的象徵化。潛藏的交流意圖，作為人際版本的投射性認同的核心，預先假設存在著象徵化思維的操作。一個人如何能夠有意去交流那些還沒有被象徵化的體驗呢？這樣的構想在理論上是站不住腳的，就像克萊恩（Klein, 1950b）將複雜的幻想活動歸因於前象徵期的嬰兒（presymbolic infants）所為一樣。

有趣的是，桑德斯（Sands, 1997）描述投射性認同過程是以「某些我們無法以科學理解的神祕方式」發生的（p. 653）。相反地，我們認為，摒棄新克萊恩學派神祕主義式的謬論，並且轉向當代嬰兒研究的實驗，將極大地提升對於情感交流的理解。

93　例如，畢比、拉克曼和傑夫（Beatrice Beebe, Frank Lachmann, and Joseph Jaffe, 1997）總結了福克斯（載於 Davidson and Fox, 1982）進行的一項高度相關的研究結果；該研究給十個月大的嬰兒看錄影帶，這些錄影中呈現了不同情感狀態的面部表情，腦電圖儀（EEG）記錄這些看錄影帶的嬰兒，結果顯示：

　　　　如果給嬰兒展示的是一個微笑或大笑的女演員錄

影，EEG 的活動模式顯示的是積極情感的模式；如果給嬰兒展示的是一個痛苦哭泣的女演員錄影，EEG 的活動模式顯示的是負性情感的模式。嬰兒無法迴避反映在同伴臉上的情緒。（Beebe, Lachmann, and Jaffe, 1997, p.143）。

當然，由於影片中面部表情的潛意識意圖就是將這些狀態傳遞給嬰兒，因此影片上的情緒情感透過嬰兒的肌膚直達他們的大腦，這是沒有爭議的。福克斯的研究證明了嬰兒天生就能參與非言語的情感交流。任何對這類交流進行推斷解釋的潛意識意圖或投射機制的假設都是毫無根據的。

我們是脈絡主義者，因此我們相信，對於鑲嵌在理論想法中的意義，如果不檢視它產生的歷史和個人情境，是無法被完全理解的。投射性認同是克萊恩（Klein, 1950b）的後設心理學中一個必不可少的部分。後設心理學是一元論的驅力理論，其根據位於一個孤立心靈深處的內在攻擊驅力的運作來解釋心理生活。而投 94 射性認同理論試圖避開這種自我封閉式的孤立，並尋找與一個幻想中的他人進行交流連結的形式。結果所描繪的是兩個去脈絡化的、萊布尼茲式的單子，在無窗中試圖創造窗戶。不論克萊恩理論多麼具有人際性，都透著笛卡兒式預設的味道。

為什麼投射性認同的概念能夠成功地讓精神分析如此著迷？理由之一是這個概念使得治療師和分析師能夠否認他們自己情感中不想要的部分，並把它們歸因於病人心中運作的潛意識投射機制。事實上，投射性認同理論對病人所起的作用，的確和理論中所說的病人對臨床醫生的作用完全一致。如果要使關係性理論脈

絡化得更為完整，邪惡的投射性認同，這個笛卡兒主義頑固不化
的遺跡，必須被剔除。

混合模型

　　混合模型在當代的關係理論中很流行，它非但沒有顛覆，反
而保存了最初笛卡兒式內部和外部的割裂。例如，伊曼紐爾·根
特（Emmanuel Ghent, 1992）認為，從一個關係性的觀點來看，
「現實和幻想、外部世界和內部世界、人際和心靈內部，都在人
類的生活中發揮著非常重要的交互作用」（p. xviii）。同樣地，
阿倫（Aron, 1996）認為「關係理論同時保存了一人和二人心理
學」（p. 47），存在於一種互補的辯證關係。根據阿倫的看法，
這種辯證的視角使關係精神分析能夠達到一種「內部和外部的關
係之間、真實和想像的關係之間、心理內部和人際之間、個體和
社會之間的平衡」（p. ix）。由此，儘管他認為放棄驅力理論對
關係精神分析而言是核心，但是他允許驅力和孤立心靈以「天生
的動機」（p. 47）的形式從後門又溜進來。例如，連結和分離的
普遍掙扎的概念，或者假借來自佛洛伊德和克萊恩理論預先設定
的發展階段的概念。

　　阿倫甚至提議精神分析應具有「辯證和對話的」（p. 263）
客觀性，試圖以此來恢復落後過時的笛卡兒式客觀。在我們看
來，並且從他自己的視角主義（perspectivalism）來看，這都是一
種明顯的矛盾修飾法。最近，馬文·沃瑟曼（Marvin Wasserman,
1999）提出了一種「整合的立場」來調和來自一人心理學和二
人心理學的要素，即分析師「將保持中立原則、匿名原則、節

95

制原則作為分析的典範，同時認識到這是無法完全達到的」（p. 454）。

　　我們堅持認為，心靈內部和人際之間、一人和二人心理學之間類似的二分法是具體化、絕對化的笛卡兒式分叉點過時的遺跡。**二人心理學**這個說法仍然體現了一種原子論的、孤立心靈的 96 哲學，只是兩個分離的心理實體、兩個思考物看起來無意中彼此碰到而已。我們應該採取一種脈絡化的心理學取而代之；在這種心理學中，體驗世界和互為主體場域被認為同樣是原初的、以一種循環往復的方式互相構成。與笛卡兒式孤立心靈不同，由於體驗的世界是在一個生活著的、關係的系統關聯中形成和發展，因此它被認為具有顯而易見的脈絡敏感性和脈絡依賴性。在這個概念中，笛卡兒式的主客體割裂被修正了，內部和外部被認為是互相無縫交織的。我們棲居在體驗的世界中，就像它們棲居在我們中。心靈在這裡被描繪成一個人在環境系統中自然浮現的屬性，而不是做為一個在頭顱中的笛卡兒式的實體。

　　根特、阿倫和沃瑟曼，就像許多其他關係取向的精神分析師一樣，被困在兩個互不相容的哲學世界中。一個是佛洛伊德從笛卡兒那裡繼承的世界，是一個具有阿基米德式確定和清晰客觀性的世界，在這個世界中孤立心靈的實體在根本上是和外在的他人形同陌路的；另一個世界是後笛卡兒式脈絡主義的世界，承認關係性在所有體驗生成中具有結構性的作用。關係理論者們試圖連結、調和、維持來自這兩個世界的要素，並且聲稱它們可以通過辯證關係的形式共存。我們相信，類似的努力儘管看來很吸引人，卻無法達成，因為這兩個哲學的世界在根本上是不可比較的。我們必須二選一。

　　然而，如我們所見，笛卡兒式孤立心靈的思想殘餘依然存在，甚至存在於那些雄心勃勃、令人信服地聲稱要對其進行解構的作者的著作中。如第一章所述，殘留的原因更接近於心理上，而非哲學上的。阿倫（Aron, 1996）間接提出了部分解釋，他引用伯恩斯坦（Bernstein, 1983）關於「笛卡兒式焦慮」的概念，我們把這個概念稱為「對無結構的混亂的恐懼」（Stolorow, Atwood, and Brandchaft, 1994, p. 203）。沒有具體化的心理實體，沒有去脈絡化的絕對或普遍，沒有客觀性及其上帝視角，我們就沒有了可以依靠的後設心理學或認識論基礎，隨之帶來的焦慮是巨大的。為了不再回到笛卡兒主義的安心幻想中，我們必須找到方法擁抱內在於「存在的無法承受的鑲嵌性」中痛苦的脆弱性（Stolorow and Atwood, 1992, p. 22），尤其當這種脆弱性在精神分析工作中被喚起時。甚至是那些在笛卡兒式分歧中被絕對化的不連續、個人化的體驗，都依然鑲嵌在結構性的脈絡中。

　　不過，我們想要強調，精神分析中的脈絡主義不應該被混淆為後現代的虛無主義或相對主義，正如一些批判者們（如 Bader, 1998; Leary, 1994）所提出的。脈絡的相對性與相對**主義**（Orange, 1995）並不相同。相對主義將每一種框架——不論是精神分析或道德——都看作是同樣好的。而實際上，就其促進精神分析探究和精神分析過程而言，一些觀點總是比另一些觀點更好。另外，我們也沒有放棄對真理、對生命體驗、對主觀真實的追尋。我們認為，透過強化精神分析對話中參與者具有反思性的自我意識，我們會逐漸接近真實。在這裡，我們提出了後笛卡兒的脈絡主義原則：真理是對話性的，是在觀察者和被觀察者不可避免地相互影響中變得明朗而具體的。

97

第二部
臨床應用

【第六章】視角現實性與互為主體系統

誰的牛被頂傷是有區別的。

——馬丁‧路德（Martin Luther）

一個人的認識和判斷不會是有著距離且不受影響，
如果他是有所理解之人。反之，他會與對方產生特定的
連結，與對方一起思考，並一同經歷對方的處境。

——漢斯—喬治‧伽達默（Hans-Georg Gadamer）

在本章中，我們會探討互為主體系統理論與**視角現實性**
（perspectival realism, Orange, 1995），一種認識論態度，兩者之
間的關係。我們試圖說明一個更為普遍的主張，即聚焦於複雜性
和複雜系統的動力與認識的視角主義觀點是不謀而合的（Cilliers,
1998）。我們所倡導的精神分析互為主體性理論與視角主義觀點
之間的連結，對臨床實踐非常重要，在這裡我們也會對這一點進
行討論。

　　如第四章所述，我們的互為主體性脈絡主義最初萌芽自
一系列心理傳記研究，這些文章收錄在我們的第一本著作中 102
（Stolorow and Atwood, 1979），其中探討了四種精神分析理論個
人主觀的起源。雖然這本書的第一版沒有明確提到互為主體性概
念或視角主義認識論，但是這兩者都含蓄地體現在一位心理學理
論者的主觀世界如何深切地影響了他或她對他人體驗的理解之

中。這些研究將我們引向一個精神分析的現象學概念，同時，反過來又引導我們承認一種完全鑲嵌的主體性，承認個人體驗不可避免地嵌入於其結構性的脈絡中。

互為主體視角（intersubjective perspective）這一說法首次出現在我們團隊（Stolorow, Atwood, and Ross, 1978）於大約二十五年前寫的一本著作中，阿倫（Aron, 1996）在一篇文章中將互為主體性的概念引入美國精神分析的論述中。這篇文章探討了病人和分析師兩個主觀世界之間的一致和不一致（聯合和斷裂）對於治療過程的影響。隨後幾年，我們的互為主體視角逐漸發展成一種場域理論或動力系統理論，認為心理現象不是孤立的內在心理機制的產物，而是在體驗世界的相互作用中形成的。我們一再強調，構成精神分析探尋範圍的並不是孤立的個體心靈，而是由病人和分析師的主觀世界之間互相作用之下而創造的一個更大的系統。

心靈內在決定論的精神分析學說是一種直接的笛卡兒式衍生
103　物，一個沒有世界的主體和沒有主體的世界。這種學說在其歷史上就與客觀主義認識論有所關聯。這個觀點所預想的心靈是孤立的，在根本上與外在現實保持距離，要不就準確地瞭解，要不就曲解。那些擁抱客觀主義認識論的分析師們，自認為獲得了特權去接近病人的心理現實和被其扭曲的客觀真實；相反地，我們的互為主體視角強調體驗世界之間結構性的互動，這是與視角主義的認識論緊密融合的。這一認識論的態度既不認為分析師的主觀現實比病人的更真實，也不認為分析師可以直接瞭解病人的主觀現實；而是認為，分析師只能夠帶著自己的視角，在特定且有限的視域中，趨近病人的主觀現實。視角主義的態度對分析情境的

氛圍具有極大的影響。

臨床和哲學反思

「我一直都很生氣」，一位長期治療的病人這樣開頭，「你稱我為邊緣型人格，這個事情沒辦法從我的腦海中消失。我無法不去想那就是真實的我，那就是你眼裡的我。」分析師心想：「拜託，這不可能。我雖然記性不好，但也沒有那麼差吧。我甚至都不相信邊緣這個概念，我從來不記得用這個詞稱呼過任何人。」於是分析師告訴她的病人，她對他所做的事很糟糕，並請病人告訴她，那是什麼時候發生的，他們當時說了什麼。分析師承認病人的記性要比她好得多。

另一個病人說她猜想分析師的政治觀點和她的不一樣（病人　104 是馬克思主義者），因此分析師不能理解她，也不會認真地對待她。她繼續說道：「的確，你看起來在很大的程度上能夠理解我，並對我的問題表示同情，但是如果我們無法真的認同對方，這不可能是真正的尊重。」當然，分析師想像自己有適當的能力，至少能對她所不贊同的觀點給予足夠的理解，也能尊重與她觀點不同的人。

第三位病人相信，當他走出門的時候，分析師告訴他將要休假時，分析師一定感到如釋重負。分析師沒有意識到病人對她有這種感受，但是這個信念是如此強烈，以致病人無法想像還存在其他的可能性。那麼，在臨床工作中，現實和真實在哪裡呢？[1]

1　在大多數哲學論述中，現實（reality）的問題涉及本體論的狀態（也就是心智、物質、概念、世界等等的存在或不存在），其存在可能獨立於任何有關它們的知識或觀點。例如，

105 　　我們介紹這些非常普通的臨床實例，並不是要顯示不盡如人意的臨床工作，或者證明某個特定精神分析理論的「真實性」，而是為了提供一個參考點，以再次澄清我們的視角現實性（Orange, 1995），證明這種認識論符合精神分析互為主體系統的觀點，並提出什麼樣的認識論會帶來什麼樣的的臨床結果。

　　在這三個臨床病例中，病人和分析師都持有截然不同的觀點。在第一個例子中，分析師是可能有衝動去直接說病人是錯的、誤解的，或甚至是帶有幻想的；她當然不會做出病人所指控的那些行為。在第二個例子中，分析師承認病人的假設（她從不是一個馬克思主義者，因而她的政治觀點必定比病人的立場更偏右）。他們共同承認這個「現實」。但是，分析師與病人的想法不一樣，她不相信他們之間因此就不可能存在真實的理解和尊重。她有可能傾向去說病人是錯的、帶有誤解和偏見，以及不必要的絕望。在第三個例子中，病人說他的分析師將會因離開他而感到如釋重負，而分析師所意識到的感受並**不是**這樣。因此，她有可能傾向去說他是錯的、誤解了、也許帶有妄想或投射。在每一個例子中，都存在著一種誘惑，讓分析師想要說出來，或至少感覺到自己是正確的，而病人有糟糕的現實檢驗能力。

　　我們特意選取這樣的普遍例子，以及類似的平常誘惑。我們認為，不論哪個理論派別，深思熟慮且有經驗的分析師都試圖抵

　　伽利略直到被監禁且遭受嚴峻威脅時仍宣稱，無論羅馬紅衣主教是否認同，地球確實圍繞太陽運動。相比之下，真實（truth）和虛假涉及信念或命題的狀態，而在當代哲學中，這涉及的是整體信念系統；特定信念的意義和真實性就奠基於這個系統之上。伽利略顯然認為，相較於從啟示中所得到的，他的研究和觀察讓他獲得更多，或至少是不同的真實。有關真實的理論——對應性、一致性、實用性——關切的是真實和現實之間的推定連結。伽利略和大多數精神分析學家的科學世界觀（Orange, 1995），通常依賴一種實用主義的真實理論，其中結合了其他對應與一致的理論當中的元素。

制這種誘惑。我們已經學會猶豫，並問自己事實是否真的如此簡
單。我們已經學會承認，病人許多類似的話語會傷害我們的專業　　106
自我感，因此早已有所準備把病人的觀點視為病態的，並加以回
應。我們已經學會對病人問題背後的意義感到好奇。同樣地，做
為分析師，我們也似乎具有人類的普遍傾向，將自己的視角作為
衡量真理的標準，並自動將意見與我們不同的人判斷為不切實
際，或誤入歧途的。認為關於現實的哲學討論與我們的工作無
關，這個觀點有時候成為了上述傾向的支持。

　　例如，勞倫斯・佛里曼（Lawrence Friedman, 1999）在最近的
一篇文章中提出「涉及的哲學問題實在是陌生的，是晦澀難解、
無法解決的，並且與精神分析沒有特別的關聯」（p. 401）。佛
里曼說明了現代客觀主義認識論的發展，以及反對它的懷疑論者
所做的回應：「**真的**不存在真理或現實（there *really* is no truth or
reality）」。接著，令我們意外的是，他指出這所有的討論並不
能為精神分析提供什麼。

　　　有時我們會說，我們之所以感到在工作中談及現實
　　並非易事，是因為我們現在認識到，並不存在獨立於思
　　考的事務狀態。我們迫切地想要讓精神分析與時俱進，
　　因而放棄幻想存在著一個可以被追尋、發現、權威地斷
　　言的客觀真理。這種錯誤常常被稱為「實證主義」。複
　　雜的二十世紀哲學為此提供了良方……然而需要適當辨
　　別的是，真正使精神分析理論家們苦惱的問題，並不是　　107
　　客觀現實的觀念本身，而是客觀**社會現實**或客觀**人類現**
　　實的觀念，這是一直以來與精神分析密切相關的。如果

> 分析師能夠釐清這個概念，說清什麼是社會現實，那麼
> 一般的現實就不會成為特定的挑戰，我們也不用訴諸激
> 進的懷疑主義了。（pp. 401-402）

他建議說，我們應該相反地讓自己關注那些更為平凡且真正屬於精神分析的事物：他所謂的**逼真性**（realisticness）指的是「從各種情感和認知觀點中抽取人類意義的能力」（p. 418），與「非逼真性」相對。他斷言，一個好的分析結果即是逼真性的增加。在佛里曼看來，哲學的討論對於這個區分並不產生影響；精神分析和哲學是獨立不同的學科，也應該保持獨立。他說：「精神分析不需要關注每一個哲學性的問題。如果無法確定提到的古老問題是真的且尤其與精神分析密切相關，我們就不應該接受哲學的霸凌」（p. 421）。

在佛里曼的理解中，科學經驗主義／邏輯實證主義削弱了常識的現實性，因此為當前流行的後現代懷疑論提供了概念的舞台（pp. 404-406）；這種見解在哲學家當中是非常罕見的。他說：「實證主義者們帶著令人欽佩的智力和技巧，已經煞費苦心地打磨出了一套準確的語言；在這套語言中，整個世界都源自可被證明的個體體驗，其結果是沒有世界、沒有體驗，只有對武斷的語言系統的自由選擇」（p. 406）。佛里曼為我們提供了一個關於現實和真實之爭的令人信服的歷史，但接著就把它完全束之高閣。

我們認為佛里曼的立場是站不住腳的。首先，他將當前的客觀主義思想批判與尼采（Nietzsche, [1886] 1973），尚—方思華·李歐塔（Jean-François Lyotard, 1984）和理查·洛帝（Richard

108

Rorty, 1989）的懷疑論相對主義相結合。其次，他把哲學的質疑定義為「霸凌」。由希拉蕊・普特南（Hilary Putnam, 1990）和伯恩斯坦（Bernstein, 1983）等實用主義者發展出的更為溫和的後笛卡兒式批判，以及哈伯瑪斯（Habermas, [1971] 1987）的溝通行動和伽達默（Gadamer, [1975] 1991）的詮釋學等歐陸哲學，都為精神分析的理解和表達提供了豐富的可能性。事實上，如果參照這些哲學家，佛里曼自己「逼真性」的描述也很容易變成脈絡化且有所根據的。

　　但是，我們必須探問，這個「逼真性」是根據誰而來的呢？從誰的視角而言的呢？的確，在那古老的寓言中確實有一頭大象（見本章最後的寓言），但是哪一種觀點或者觀點的結合才是真實的呢？沒有人能夠具備所有的視角──像上帝之眼的視角（Putnam, 1990）。也許我們當中的所有人，不僅僅是病人，都有盲點。如果病人同意了分析師所選取的視角，他或她就變得現實了嗎？還是說必須贊同大多數人（同感效證）？那麼少數人的觀點怎麼辦？那就屬於錯覺的垃圾堆嗎？什麼又是錯覺呢？我們關於錯覺和精神病的概念不就依賴於一個假設，即存在著一種不受視角限制的優先觀點嗎？我們認為，做為精神分析師，必須用哲學反思來回答這些疑問。維多利亞・漢密爾頓（Victoria Hamilton, 1993）研究了各種精神分析理論學派所採用的潛在認識論觀點，她的研究結果發現，在精神分析師的認識論假設和其理論之間，通常不存在公認的明顯聯繫。哲學並不是一門像化學、社會學或歷史一樣主題明確的學科，毫無疑問與精神分析的內容和方法也截然不同。哲學是讓未被承認的預設和視角的局限性變得明晰的過程，由此我們能夠質疑對方和自己。

109

視角現實性

做為後笛卡兒精神分析實踐者，我們當中的一員（Orange,
1995）提出，必須從一個視角現實性來質疑精神分析中的現實，
將真實看作是在對話的共同體中逐漸呈現的：

> 在接近部分現實或現實的某個方面，每一個探尋著
> 的參與者都帶著某種視角。視角的數量有可能是無限
> 的，或至少是不計其數的。由於我們當中沒有人可以完
> 全擺脫個人視角的限制，因而對「什麼是真實」的觀點
> 必然是局部的，不過交流可以提升對完整的趨近……視
> 角現實性認識到，精神分析所提供的唯一真理或現實，
> 是在互為主體性情境中被理解的主觀組織的體驗……這
> 樣的一個主觀組織的體驗是關於更寬廣現實的視角。我
> 們永遠無法完全獲取或認識現實，但是我們可以持續地
> 接近、理解、清楚表達並參與其中……雖然這個觀點的
> 確排除了常識性的現實性、關於真實的一致性理論和科
> 學的認識論，但是它並不排除對話的、群體的或視角的
> 現實性的可能性。在這樣一個溫和的現實主義中，真實
> 是一種浮現和自我糾正的過程，只能透過個體的主觀性
> 去部分地接近，並且可以在群體對話中逐漸增加可理解
> 性。（pp. 61-62）

這並不是一個原創的想法。它有廣泛的哲學根基，許多精神
分析師也有相同的看法，他們正在清晰地表達這個觀點在臨床相

關方面的各種意義。

　　我們需要關注這個問題的哲學根基。尼采（Nietzsche, [1886] 1973）是與激進的視角主義關聯最密切的哲學家。他反對啟蒙思想中理性主義的絕對性，並提倡重新評估所有價值，超越好壞之分，以及讚美非理性。對於他，以及他的「後現代」、「新實用主義」的崇拜者而言，除了視角之外無物存在。儘管尼采是透過海德格和法國的後現代主義者來到我們面前的，我們認為可能還存在著另一個較不被欣賞、令人討厭的尼采，受到佛洛伊德的重視，後者試圖跨越哲學性和宗教性的潛意識，使我們深感震驚。

　　相反地，早期的現象學家們影響了我們自己的思想，如布 111 倫塔諾（Franz Brentano, [1874] 1973）和胡塞爾（Husserl, [1931] 1962, [1936] 1970），對他們而言，一種視角總是意味著對某物的視角（意向性）；並不存在「一個沒有出處的觀點」（Nagel, 1986），同樣地，沒有某物（也許是一頭大象）和建立在其上的觀點，也就不存在一個視角。另外，我們的實用現實主義觀點還受惠於美國哲學家皮爾斯（Peirce, [1905] 1931-1935），我們認為他的「實在的合理性」（concerte reasonableness）概念正是佛里曼在精神分析中尋找的。皮爾斯在可謬論中表達的態度，是永遠存在著需要去學習的部分，我們的視角是有局限的，因而只要認為它是全部的真理，那它就是錯誤的。對話性理解和溝通實踐的倡導者們——伽達默（Gadamer, [1975] 1991）和哈伯瑪斯（Habermas, [1971] 1987）的觀點進一步影響我們。最近，維根斯坦（Wittgenstein, 1953）關於哲學的治療性概念對我們視角現實性有更深的啟發。我們接著將分別探討。

　　我們把視角現實性中對意向性的堅持歸功於布倫塔諾。他是

胡塞爾和佛洛伊德兩人的老師（年輕的佛洛伊德對布倫塔諾的五節課印象非常深刻，儘管後來他否認了自己對哲學的興趣）。在布倫塔諾看來，意向性意味著心理活動天然就是具有方向性的，也就是說，思考就是思考著**某物**，慾望就是欲求著**某物**，諸如此類。在我們的理解中，意向性意味著，當我們採取一種視角或觀點，即對**某物**具有某種觀點。除去布倫塔諾早期的觀點，即認為客體是內在於思考中的，他的意向性是構成我們的觀點的一個重要要素。我們強調視角的多樣性，這個觀點和普特南（Putnam, 1990）稱之為「帶著人類面龐的現實主義」是相容的。由於布倫塔諾帶有亞里斯多德式的現實主義，他被排除在後現代主義之外，但他並不喜歡教條主義。他是一名天主教神父，在 1871 年離開了教會，因為他不接受教皇無謬論的信條。雖然視角現實性是我們的說法，並不是他的，但我們可以說，對他而言，教皇的無謬論暗示了**一個**視角包含著絕對和完全的真理。

112

美國哲學家和邏輯學家皮爾斯也同樣對教皇無謬論的觀點毛骨悚然，因此他表明，他自己的思考以及所有值得尊敬的科學都必須是可謬的，可以有錯的，並開放接受修訂。然而，他最知名的一點是，被威廉・詹姆斯（William James, [1898] 1975）明確地承認為美國實用主義的創始人。他小心地表達道：「考慮到我們對所知覺到之對象的構念所實際帶來的影響效用，我們對這些效用的構念就是我們對那對象構念的整體。」（Peirce, [1905] 1931-1935, vol. 5, para. 402）。皮爾斯的實用主義在得到威廉・詹姆斯通俗化的認可後有所改變，之後又被皮爾斯重新命名，「實用主義，這個名字足夠醜到不用擔心被拐走」（Peirce, [1905] 1931-1935, vol. 5, para. 414）。實用主義這一概念構成了我們觀點的核

心，即觀念等同於其可能產生的現實後果。因此，當我們聽到受良好教育的精神分析師們說他們對觀念沒有興趣，只對臨床案例感興趣，我們感到詫異（我們明確拒絕了基於這一觀點的期刊論文和會議文章）。與皮爾斯，以及現在的哈伯瑪斯——他的皮爾斯式觀點有時稱為「語言—實用的互為主體性」（Frank, 1991）——一樣，我們相信實踐和想法是互相分不開的。分析師的理論觀點所具有的必要性，與病人和分析師兩人堅信的情緒一樣重要（Stolorow and Atwood, 1979）。這些概念影響我們的臨床實踐，因此值得對其提出謹慎的哲學質疑。（確實，我們認為佛里曼自己試圖表達的一個可用概念，即「逼真性」，就是一種哲學反思的形式）。總而言之，皮爾斯的實用主義、可謬性和他在一個學術共同體內尋求真理的觀點，都極顯著地塑造了我們將精神分析作為一種理論構成的實踐這個信念——它一直是一種臨床的哲學。

　　進一步的影響者是伽達默，他關於對話性理解的詮釋學概念明確構成了我們關於精神分析中日日夜夜、時時刻刻過程觀點的基礎。對他而言，任何真理都來自視角的互動，每一種視角都承載著傳統和先入之見：

　　　　當閱讀一篇文本，試圖想要理解它的時候，我們總是期待它將要**告訴**我們什麼。一個由真誠的詮釋態度所構成的意識，會擅於接受來自外在於它自身視域的最初的、完全陌生的特點。然而，這種感受性並不是用一種客觀主義的「中立性」來獲得的：將自己排除在外是不可能、不必要、也不值得的。詮釋學的態度僅僅認為我

113

114

們帶著自我意識來表明觀點和偏見，並認為它們就是如
此，透過這樣的方式去除它們的極端特徵。保持著這種
態度，我們給予文本一個機會，作為一種全然不同的存
在物呈現，去證明它自身的真實性，與我們自己先入之
見背道而馳。（Gadamer, [1975] 1991, pp. 151-152）

現在我們要討論的是，詮釋學態度的不同面向如何促成視角
現實性作為一種精神分析認識論。首先，有一種假設認為存在值
得討論的事物：就「文本」而言，我們可以把它替換為病人的歷
史、病人的痛苦、病人和分析師之間的誤解，或者分析師辦公室
內的加熱或冷卻系統。這一事物提出自己的要求，讓我們去確定
和識別自己的先入之見，從而可以「去除它們的極端特徵」。於
是，我們能夠將自己的觀點看作一種視角，如此一來事物本身
（die Sache selbst）就能夠做為他者呈現。另外，我們也可以看到
病人和同事所趨近的現實是被彼此視角所隱藏的——這就是成為
他者的意思。根據伽達默的觀點，我們應該總是期待著另外的文
本和個體能夠教會我們一些什麼。在他的思想中，皮爾斯的可謬
性變成了對他者視角的感受性。我們有限的視角很可能部分是錯
115 誤的，因為我們試圖將自己的觀點或觀念作為一種對整體的合理
描述。只有在與他人、文本或藝術創作的有趣對話中（包括對嚴
肅事物的認真討論），我們才有機會超越一種嚴重的局限，即對
任何事物抱持某種僵固理解，並且允許可能理解的真實（Frank,
1992）會浮現。

在關於精神分析中的現實和真實問題的思考中，哈伯瑪斯補
充了一個倫理的維度。在他看來，政治的公正依賴於參與者之間

的對話——假設這些參與者有興趣為團體問題提出合理的解決方法。唯一公平的社會是尊重不同的聲音和視角，並假設沒有任何一種聲音（這裡我們必須聽見他的「再也不會」）是真實的，或對現實有準確的理解。美國精神分析師珍妮斯・岡普（Janice Gump, 2000）也提出過類似的看法，她挑戰了美國精神分析中的種族排斥和盲目。缺失對話中的聲音和視角，會嚴重拉開我們與現實和真實的距離。

　　最後，閱讀維根斯坦確定了我們的觀點，認為真實和意義問題具有重要的區別。意義只能存在於一種文化、一種語言遊戲或一種生活形式中。對於維根斯坦而言，語言遊戲是一種由規則引導的活動，類似於西洋棋，文字在其中的意義是伴隨著遊戲中的使用而產生的，本身並不存在意義。離開了系統，遊戲中所有的文字和所有的活動都是毫無意義的。這些語言遊戲具有不可化約的多元性，但是我們無法區別它們，例如混淆了日常和哲學問題會導致無盡的困惑。在維根斯坦看來，哲學家的任務就是要指出 116 這些陷阱。

　　下西洋棋時，我們能夠認出國王在棋盤中的準確位置，而不需要參考遊戲的規則——國王在某個位置上才是對的。進行精神分析時，我們也同樣地能區分出意義上的問題和真實的問題。意義上的問題在一個由分析師和病人主觀世界——包含分析師的理論——的互動所創造的場域內產生。它們也在這兩個世界之間不可避免的視角差異而出現的後果之中產生。

　　比如大多數精神分析都會碰到的典型費用問題，它的意義是不同的，取決於我們採納誰的視角、金錢在一個文化中的含義、病人和分析師是否處於相近的財經地位等等。真實和現實在這裡

並不存在利害關係：費用就是費用，是一個特定時期特定國家的貨幣，就像在象棋中位於某個位置的國王。但是這個現實和我們對它的信念卻產生了諸多可能的意義，以及參與其中的人所達成的諸多可能的理解。

維根斯坦從來不爭論那些與普遍認同的事物狀態相關的現實問題，比如英國和奧地利位於歐洲的不同位置。但他確實想讓我們看到，這個陳述雖然可能是正確的，但也只有在他所謂的語言遊戲的溝通系統中才具有意義。因此，我們認為他支持我們的觀點——雖然存在著現實，但是視角和文化限制了對它的認識；關於真實或錯誤的表述，只有在系統中才有意義；為了呈現意義，對話是必須的。這個創造意義並伴隨著發現的過程，我們稱之為**理解**。

臨床工作中的視角現實性

我們常說一個互為主體的臨床感受性具備三個不可或缺的要素。第一個要素是關注組織原則、核心主題或帶有個體體驗世界特點的情緒信念。

在我們看來，主體性的首要要素就是組織原則——自動化與僵化的，還是具有反思性和靈活性。這些原則往往是潛意識的，它們是一個人從情緒性環境的畢生體驗中得出的情緒性結論，尤其是與早期照顧者有複雜的相互連結。只有當這些原則可用於有意識的反思時，並且只有當新的情緒體驗引導個體去想像和期望，使情緒

　　連結以新的形式進行的時候，這些舊有的推論才會使自
　　體感成為主旋律。這個自體感包含確信存在的可能形式
　　的關係性結果，例如一個人可能感到任何形式的自我表
　　達或分化都會帶來嘲笑或挖苦。（Orange, Atwood, and
　　Stolorow, 1997, p. 7）

　　這些情緒信念以各種各樣的形式出現在我們的工作中，處理
這些情緒信念是在精神分析中進行互為主體系統工作的必要部
分。

　　如果沒有第二個要素——自體反身性（self-reflexivity），那 118
麼很容易誤認為我們將這些組織原則當作孤立心靈的內容，簡單
替換了佛洛伊德的驅力及其衍生物。因此必須趕緊解釋，我們認
為一個互為主體的臨床感受性需要同理的連結，伽達默稱之為與
他人「一起經歷的處境」。使用自體反身性一詞，具有兩層含
義，第一是在理解他人的過程中，對我們自身帶著歷史和偏見
的存在保持持續的覺察。並不存在精確無誤的知覺或純粹的同理
沉浸。我們能盡力做的是不間斷地去理解自身牽連在內的情緒困
境，只能帶著自己的雙耳去傾聽。第二，是覺察到我們的理論包
含著由自己的歷史所構成的情緒信念和主題，必須淡然看待我們
可能對病人的問題所持有的視角，並且持續準備質疑我們所珍愛
的關於人類本性的精神分析理論，及其與心理病理和治療相關的
觀點。

　　回到本章的主題，互為主體感受性的第三個要素是不存在關
於現實的爭論。現實就是現實，但是做為分析師，我們的任務
是對自己的視角保持盡可能的淡然，這樣我們才能聽見其他人的

話。回顧本章開頭的例子，分析師是否用了「邊緣」一詞，其實並不重要。這個詞只是她的病人使用的一種方式，藉以指出在他們之間有些事已經很不對勁了；而分析師的立即否認──不論是否口頭表達──顯示她沒有覺察到已經發生的事。我們必須致力於「可能之理解的真實」（truth-as-possible-understanding），而不是「符應事實的真實」（truth-as-correspondence-to-fact）。不論真相是什麼，我們必須找到方式去溝通其意義。爭論現實並堅持認為病人需要認同分析師的視角，這通常是遠離理解的最快出口。在這個例子中的病人聽來，分析師好像在化約（分類）和侮辱他的體驗。分析師不得不承認她正經歷著「我是如此聰明，所以我能告訴你問題是什麼」的時刻。病人成長在一個會閱讀《精神疾病診斷和統計手冊》（DSM）的家庭，所以他會使用這種字眼講述這件事。但是這並不重要，有所裨益的是分析師承認她把自己放在一個無所不知且與病人相對的位置，而這對他們的連結以及共同尋求對情緒的理解造成了實際傷害，即使這種傷害是暫時的。

　　就像在馬克思主義者的例子中，分析師不得不問自己，在病人的眼裡什麼是真的，並把她自己的觀點作為背景。如果分析師防衛性地爭辯而去說差異與尊重是兼容的，那麼她將會完全錯過了病人試圖想要告訴她的東西。在這個例子裡，病人逐漸失去她的馬克思主義世界，只有在這個世界中她才感覺自己像個重要人物，這意味著她不可挽回地失去了屬於任何世界的感覺，並且害怕分析師像其他人一樣看不到她的價值。他們後來理解，病人對分析師持續增長的依戀喚起了一個令人恐慌的信念，即依戀只意味著會帶來更多的喪失和羞辱。

　　至於第三個例子中的病人，分析師立即否認她感到如釋重　120
負。當然，這並沒有什麼裨益。病人能說的無非就是「我知道我
瘋了」。幸運的是，這個意外不是發生在分析師旅行前的那次會
談，因此她可以回應說：「這很重要，讓我們下次來討論它。」
她像平常一樣地向病人再次確認她聽到他所說的了，也向自己再
次確認她能夠做得更好。事實上，他們當中沒有人真的想在下次
討論它，但是他們確實這樣做了。最後他們發現，會談結束的方
式（與分析師的日程安排變動有關）給病人一種分析師很高興看
見他離開的感受，而在這之前他早已感到自己不被需要，感到自
己對任何他所關心的人造成負擔。談論這個模式，並且談論分析
師留意到她自己想要成為一個好的照顧者（她是十個兄弟姐妹中
的長女），顯示了她如何被自己的視角——關於病人對於他們關
係的體驗——所蒙蔽。她克制地沒有對現實進行爭論，結合之前
提到的自體反身性的覺察，以及對他們各自的、共同的體驗進行
組織的信念感興趣，讓他們能夠朝著「盡可能理解的真實」的路
徑推進。

　　總之，本章主要表達了視角現實性，以及精神分析中豐富的
哲學觀點和態度，也關注了互為主體臨床感受性所具備的三個要
素。事實上，我們試圖展示，視角主義的認識論與我們的互為主　121
體性視角是緊密關聯的。我們也試圖區分在特定系統中無法否認
的現實，以及存在於其中的意義具有必然的多元性，這個多元性
暗示著任何一種視角都有其局限。最後，我們提出，只有在討論
這些意義時懸置關於現實的爭論，重要的情緒真實才會在精神分
析中呈現。我們將用一個寓言來結束本章內容，這個寓言可以說
明視角現實性的認識論態度。

關於盲人和大象的寓言

有六個印度斯坦人

想要學習更多

他們來到大象面前

雖然都是盲人

但每個人的觀察

都能滿足一己之見

第一個人靠近大象

險些跌倒

撞在了它寬厚健碩的側面

於是立刻大叫道：

「老天啊，這大象真像一堵牆！」

第二個人摸著象牙

大叫起來：

「噢！這是什麼又圓又滑又尖？

顯而易見

大象這個奇物

就像一支矛！」

第三個人靠近大象

不小心把扭動的象鼻抓在手裡

於是大膽地說道：

「我知道了，

大象就像一條蛇！」

122

第四個人迫切地伸出手來
碰到了它的膝蓋
「這個最神奇的野獸也不足為奇啊」，他說，
「它顯然就像一棵樹！」

第五個人不小心摸到了它的耳朵
說道：「即使最瞎的人也看得出來它像什麼；
誰能否認呢，這個神奇的大象
就像一把扇子！」

第六個人立刻開始
摸索著這頭野獸
在伸手所及之處
摸到它揮舞的尾巴
「我知道了，」他說，
「大象就像一根繩子！」

然後這幾個印度斯坦人
大聲地爭執不休
每個人都從自己的認知出發
固執己見
雖然每個人都部分正確
但他們全都錯了！

　　　　　　——約翰‧哥德佛雷‧薩克斯

　　　　　　（John Godfrey Saxe）

【第七章】創傷的世界 123

與茱莉亞・施瓦茨（Julia M. Schwartz）合著

> 上帝已死。
>
> ——佛列德利希・尼采（Friedrich Nietzsche）

> 當在世存有的原初現象無存，剩下的只有孤立的主
> 體。 ——馬丁・海德格（Martin Heidegger）

　　在本章中，我們將詳細闡述創傷的概念，視之為一個體驗世界碎裂的過程。我們先描述一個長達六年的理解之旅，在這個旅程中，我們當中的一員努力去瞭解他個人體驗到的、作為心理創傷核心特徵的那種強烈的疏離感和孤獨感（重印自 Stolorow, 1999）。

一個自傳體式的描述

　　《存在的脈絡》（*Contexts of Being*, Stolorow and Atwood, 1992）一書剛出版，我就把印出來的最早一批書稿帶到一場會議上，我是那個會議的座談者。我從桌上拿起一本，四處張望，尋找已故的妻子達芙妮，她要是看到了會非常高興。當然，我找不 124 到她，因為她在十八個月前去世了。在她確診癌症四週後的一個早上，我醒來時發現她躺在床上過世了。那個會議剩下的時間裡，我都在回憶和哀悼中度過。對於發生在達芙妮和我身上的不

幸，我的內心充滿驚愕和悲痛。

　　座談會為所有參與者舉辦了晚宴，許多參與者都是我的老朋友和同事。但是，當我在宴會廳中環顧四周，對我而言他們所有人看起來就像奇怪而陌生的人。或者更準確地說，看起來像是奇怪而陌生的是**我**，而不是這個世界。其他人是如此富有活力，以生動的方式與他人建立密切的關係；相反地，我感到自己像死了一般，破敗不堪，只有一具空殼。一道無法逾越的深淵好像就橫亙在前面，把我和朋友、同事永遠分開了。我對自己說，他們永遠無法徹底瞭解我的體驗，因為我們現在生活在不同的世界。

　　在經歷那次痛苦後的幾年裡，我都在試圖理解和概念化那種可怕的疏離感和孤獨感，對我而言那是內在於心理的創傷體驗。後來我逐漸認識到，在創傷文獻中，這種疏離感和孤獨感是常見主題（例如 Herman, 1992），而且我在許多經歷了嚴重創傷的病人那裡都聽過。一位年輕的男士在童年期和成年期都有過多次喪失至親的痛苦經歷，他告訴我這個世界被分成了兩個部分，正常
125　的部分和創傷的部分。他說，一個正常世界的人是不可能理解創傷世界的人的體驗的。在達芙妮去世後，我找了分析師。我記得，相信我的分析師也是一個經歷了災難性喪失的人，這一點對我來說有多重要；我也記得，我是如何懇求她不要說任何話來糾正我的這個信念。

　　這個有待被理解的體驗的深淵，是如何把創傷的人與其他人分離開來的呢？在《存在的脈絡》關於創傷的一章中，我們提出心理創傷的核心在於無法承受的情感體驗。我們進一步認為，一種情感狀態難以忍受的程度，不能僅僅或主要由一個傷害事件所喚起的痛苦感受的性質或強度來解釋。創傷情感狀態必須放在它

們發生的關係系統中，以發展性的方式去理解。我們認為，當幼兒嚴重缺乏來自周圍環境所需要的同調，去幫助他們忍受、容納、調節和整合時，痛苦或可怕的情感就具有創傷性了。

在我的經驗裡，創傷的發展是一個對痛苦情感嚴重不同調的關係過程，以這樣的方式來理解創傷概念，對創傷病人的治療具有極大的臨床價值。但是，在那次會議晚宴中，我開始發現，我們的理論描述並沒有區分他人無法提供同調與受創傷的人無法**感到**同調之間的區別，因為創傷體驗本身具有極強的獨特性。對這種孤獨的疏離感的理解，始於一個意料不到的來源——伽達默的哲學詮釋學。

在理解的本質特性中來考慮心理創傷經驗中之不被瞭解的深度絕望，實是與哲學詮釋為直接相關。伽達默（Gadamer, [1975] 1991）提出了一個不證自明的觀點——所有的理解都涉及詮釋。而詮釋又只能來自鑲嵌於詮釋者自身傳統歷史矩陣的視角。因此，理解總是出自一種視角，而這個視角的視域受到詮釋者自身組織原則的歷史性所限制，也受到伽達默稱之為「成見」的先入為主的結構所限制。伽達默用他的詮釋哲學來試圖理解一個異己文化的人類學問題。這個異己文化的社會生活形式和體驗視域都不能與探究者自身進行比較。

在研究伽達默著作的過程中，我想起在會議晚宴中的感覺，對周圍的其他正常人而言，我彷彿就像一個外星人。用伽達默的話來說，我確定他們的體驗視域是永遠無法覆蓋我的，而這種信念就是讓我感到疏離和孤獨的來源，也是將我和他們的理解分離的、那個無法逾越的深淵的來源。關鍵並不僅僅在於受創傷的人和正常人生活在不同的世界；而是這些不同的世界被感受為**在本**

126

質上是根深蒂固地不可通約的。

在會議晚宴大約六年之後，我聽了朋友艾特伍的一個演講，
127 這幫助我進一步理解這種不可通約性（incommensurability）。在
討論去除了笛卡兒客觀主義的互為主體脈絡主義的臨床應用時，
艾特伍提出關於精神病妄想的一種非客觀主義、對話性的定義：
「妄想即那些其確證性不開放討論的想法。」這個定義與我們在
十二年前提出的觀點十分吻合。當一個孩子的感知和情緒體驗面
臨巨大且持久的失效時，那麼他或她關於這些體驗在現實中的信
念將會變得不穩定且容易被解體，在這種誘發性環境下，妄想性
的想法將進一步發展，「為了誇大和具象化處於危險中的心理
現實……保存正在消失的信念的確證性」（Stolorow, Brandchaft,
and Atwood, 1987, p. 133）。妄想性的想法被理解為一種絕對主義
的形式——一種激進的去脈絡化，發揮重要的保存和防衛功能。
與對話隔絕的體驗是無法被挑戰或使其失效的。

在聽了艾特伍的演講後，我開始思考絕對主義在日常生活中
所扮演的潛意識角色。當一個人對朋友說「稍後見」，或者家長
在睡覺時對孩子說「明早見」，這些話語就像妄想一樣，它們的
確證性是不開放討論的。這種絕對主義是一種天真的現實主義和
樂觀主義的基礎，它讓個體在世界中良好運作，將世界體驗為穩
定的、可預測的。而心理創傷的核心正是這種絕對主義的破碎，
128 災難性地喪失了天真，這永久改變了個體在世存有的感覺。對日
常生活的絕對主義進行嚴重解構，顯露出一個隨機的、無法預測
的世界中不可避免的偶然性，在這個世界中人類的安全感和持續
感都無法得到保證。於是，創傷顯露出的是「存在的無法承受的
鑲嵌性」（Stolorow and Atwood, 1992, p. 22）。其結果是，受創

傷的人將存在的各方面，感知為是在正常日常生活的絕對視域之外的。正是在這種感知中，受創傷的個體的世界與其他人的世界在根本上是不可通約的，這形成了極痛苦的疏離感和孤獨感。

　　我的一個病人為了克服一連串創傷性的侵害、打擊和喪失，採用了解離的方式。來找我的路上，她將幼小的兒子留在糕餅店裡。當她正要走進辦公大樓的時候，她聽到了輪胎摩擦地面發出的刺耳聲音，在隨後的會談過程中她明顯感到很害怕，擔心她的兒子被車撞死了。「是的，」我帶著一種只能來自親身經歷的實事求是的態度說道，「這是妳所體驗到的可怕創傷的遺留物。你知道在任何時候你愛的人都可能會被沒來由的隨機事件殺死，而大多數人並不清楚這一點。」我的病人放鬆下來，進入一種平靜的狀態，帶著明顯具有移情的暗示性，開始沉思地說，她這一生都渴望遇到一位靈魂伴侶，可以與之分享她的創傷經歷，由此減少感覺到自己是一個奇特和陌生的人。我相信，在這裡我們能發現寇哈特（Kohut, 1984）的孿生概念更深層的含義。（Stolorow, 1999, pp. 464-467）

　　在這個自傳體式描述的最後，我提出了一個問題：「如果創傷能夠對一位步入中年的男人產生如此破壞性的影響……考慮到對於孩子而言，日常生活持續的絕對主義還在形成過程中，那麼我們如何理解它對一個孩子產生的影響呢？」（p. 467）帶著這個問題，我們來看一個臨床個案，在這個個案中，嚴重的創傷發生在象徵形成之前的童年早期。為了試圖理解這個個案，我們假設一種原初的絕對性，形成於對嬰兒早期同調的抱持和對孩子身體的觸摸（Winnicott, 1965），以及對痛苦情感狀態的涵容和調節（Bion, 1977；Stolorow and Atwood, 1992）中成形。我們把這

作為感知動作完整性的一個特徵，即個體在符號形成之前身體的不可侵犯感。這一個案證明，在早期感知動作完整性破碎會帶來終身的影響（又或者，當提到嬰兒早期的創傷，有人可能認為這個時期感知動作完整性甚至還沒有形成）。

艾米，三十歲的單身女性，由於長期的嚴重憂鬱、強迫行為和畏懼症，不能與他人發生任何生理上的性親密行為，因而前來尋求分析治療。儘管渴望結婚生子，但她從來沒有和男性發生過關係。她曾擔心自己可能是女同性戀，雖然她說她對女性從來沒有性方面的感覺。

在嬰兒早期二至三個月的時候，艾米就開始在排便時疼痛地哭喊。由於誤診，她母親被指導每天要用手指擴張她的肛門幾次。由於她的疼痛沒有任何改善，母親帶她去看了專科醫生，終於被正確地診斷為肛裂，得到了恰當的治療。艾米都不記得這些事情了，母親聲稱手指擴展孩子的肛門也只發生了幾次而已。然而，根據早期精神科會診報告顯示，肛門侵入持續了幾個月，直到她八個月大。雖然，在她一歲的時候肛裂被治好了，但她和母親就如廁訓練有過痛苦的糾纏，並顯示出其他行為困難。在她兩歲半的時候，因為發怒和拒絕說話，被送去接受第一次精神科會診。會診報告顯示，當艾米拒絕服從母親對她的如廁要求時，她母親會試圖給她插入栓劑，而艾米就會驚恐地逃開，我們認為這重複了對孩子身體完整性的早期創傷性侵害。當母親試圖讓她說話的時候，她就頑固地表示拒絕，看起來是要試圖保存一直受到無情破壞的那種不可侵犯感。

艾米對父親沒有什麼記憶。父親明顯偏愛她的哥哥，並且覺得她的個性令人難以忍受。當父親和哥哥一起玩耍而把艾米排除

在外的時候，她就透過侵擾他們的方式來獲得回應，並用各種破壞的手段來報復。這種侵擾性成為了她童年期的人格特質。為了不被排除在外，她侵擾和侵犯別人，就像她在很小的時候就被創傷性地侵害一樣。顯然，從非常早期開始，對於艾米而言，依戀是和入侵等同的——要不就侵犯別人，要不就被別人侵犯。

　　她七歲的時候，父親死於肺癌。在他死後，她「陷入症狀的泥潭」。她開始害怕睡覺時死去，並反覆遭受胃痛的折磨。她沒完沒了地問母親有關父親死亡的事，要母親一遍又一遍地告訴她每一個細節。她被自己也得了癌症的信念占據，哀求母親帶她去醫院檢查腫塊。顯然，在我們看來，對艾米而言父親的疾病和死亡戲劇性地確證了她已經「知道」的事情：她的身體一直處於痛苦的、破壞性的，甚至是致命的外力侵犯的危險中。

　　她母親對於父親去世的反應也讓艾米感到非常害怕，這又侵入了她僅存的微弱的安全感。她母親變得非常憂鬱，出現多次自殺要脅和舉措，有時候似乎是想讓艾米來為她的困擾負責。青春期開始的時候，艾米的身體完整感被進一步破壞了。當時，她母親感染了腸胃型感冒，這加速了艾米形容為「精神崩潰」的發生。艾米的反應是非常擔心感染母親的疾病，擔心自己嘔吐。她從童年起就對嘔吐懷有恐懼，但現在這種害怕變得更加嚴重，並導致失能，這戲劇性地表達了她對於被母親再次侵入的懼怕——既是生理上的，也是情緒上的。

　　在大學期間，艾米學業優異，但社交方面陷入困境。畢業後，她在文學經紀公司工作。她有異性朋友，偶爾也有男性表達對她的愛慕，但她從來沒有進展到即使僅僅只是接吻的地步。

　　艾米的胃腸，也就是創傷的原始位置，在她成年後繼續做為

131

132 衝突、痛苦和調節異常的來源，並在一定程度上嚴重到讓她的體
驗世界充斥著被有毒力量入侵的恐懼。開始接受分析的時候，她
已經做了多次腸胃檢查，包括放射性和侵入性的檢查。她忍受著
便祕和嚴重的腹瀉交替出現的痛苦，最痛苦的是嚴重的胃痛和痙
攣。她被有關嘔吐的巨大恐懼所折磨，又著迷無此。她害怕患上
腸胃型感冒，會竭盡全力保護自己免受感染。比如坐飛機的時候
帶著口罩，使用酒精棉消毒雙手，遠離孩子和任何疑似有病的
人。多年以來，愈來愈多的食物被她禁止了，她認為它們是疼痛
的來源。她懷疑母親做的飯菜不夠衛生，害怕母親無意間或甚至
是有意的親手下毒。艾米和分析師將這些症狀和恐懼理解為一種
對於再創傷的擔憂的表達——擔心致命的毒物給她身體帶來痛苦
和令人恐懼的入侵，重述了她早年經歷的不可侵犯感的喪失，以
及感知運動完整性的喪失。

　　艾米早期的創傷對抹殺身體完整感方面的影響還從許多感知
動作協調異常的症狀中體現出來。她長期覺得冷，即使是在夏天
也一樣，就好像她無法調節體溫。廣播裡播放的音樂會在她的腦
中「卡住」，擋風玻璃的雨刷會讓她煩躁。在分析過程中，她會
受到分析師辦公室外活動聲音的干擾，只有關上百葉窗她才能專
心。諸如此類的困難都顯示，她沒有能力去過濾和調節視覺和聽
133 覺的刺激。她還感到自己的運動能力很差。擤鼻子的時候，她就
像孩子一樣動作不協調，一次抓起一堆面紙，笨拙地又擤又擦。
她的步態和姿勢都是不連貫、笨拙和奇怪的。

　　她在關係中體驗到的困難也反映出對有毒的侵入感到脆弱，
這個核心主題既是身體上的，也是心理上的。對於那些讓她感到
固執己見、強勢控制的人，她表現出極度的厭惡——比如她的哥

哥，她認為他「把他的觀點塞進我的喉嚨」。在治療過程中，當她開始有更多的約會，她把男人們看作自私固執的侵入者，總是對她的想法不感興趣，只想要談論他們自己。在治療過程中，她開始能夠清晰表達親近一個男士時感到的深刻而令人麻痺的害怕，表達她對親吻的厭惡，以及對於必須要「服從」男人的殷勤感到憤怒。她覺得，不帶著這些厭惡的情緒而與男人有身體上的親密是不可能的。她對男性身體上的不完美非常關注，就像透過顯微鏡看他們一樣——痣、疙瘩、臉上的毛髮、後退的髮際線，諸如此類。擁抱或者男人的口氣會讓她感到窒息，即使她強迫自己去接受身體上的親近，她還是沒有辦法忍受男人把舌頭「塞進我的喉嚨」的厭惡。這些嘗試非但沒有使厭惡和焦慮減少，反而使她對體驗過度敏感，這導致進入期望中更為親密的約會變得益發困難。

　　在分析中，艾米迅速地對她的女性分析師發展出一種強烈 134 的、原始的依戀。例如，在第三次分析中，她承認她打了數通電話到分析師的辦公室，打了一通電話到分析師家裡，還幾次開車經過辦公室。她強迫性地想要獲取關於分析師的資訊：她住在哪裡，開什麼車，以及其他個人資料。當分析師並不樂於提供資訊時，她會自己搜索，例如打電話給分析師所在的醫學院。此外，她還特別想要打扮得看起來像她的分析師，模仿她的髮型和穿著。「我想要成為妳，還是想和妳發生性關係？」她驚奇地說道。在某個時刻，艾米認識到，變得像她的分析師也能夠幫助她感到自己可以與母親保持距離。

　　艾米設法查到了分析師的住家地址，她會在白天去那裡監視。她會記錄分析師車子的里程數，這樣她就能知道分析師是否

有任何遠行。她進行「盯梢」，比如在電影院門口坐上幾小時直到電影結束，希望可以在週末的時候見到分析師。

對於艾米關注她的強度和張力，分析師感到窒息。對分析師而言，這愈來愈像是重複著艾米的早期創傷。現在分析師遭受著個人空間痛苦而羞辱性的侵入，就像艾米在嬰兒期經歷的一樣，而艾米扮演著入侵者的角色。

艾米的表現逐步升級，直到對分析師的隱私造成了威脅性的破壞。分析師意識到自己處於高度警覺狀態，隨時監測自己四周的環境，任何時候都面臨著個人空間受到威脅的感覺，完全無法放鬆。她的身分被侵占了，這讓她感到氣餒和憤慨。分析師發覺自己固執地不願意回答個人問題。艾米穿著和分析師相似的衣服，或者對發現關於分析師個人生活的事情而感到心滿意足時，分析師發現自己感到不舒服；當艾米不能達到這些目的時，分析師懷著報復的心態暗自高興。這種固執的有所保留是分析師人格的一個面向，但是被艾米的侵入而不愉快地喚起了。

隨著時間過去，加上督導的幫助，分析師能夠承認艾米的行為在一定程度上與她保護個人隱私的需求相衝突。分析師向艾米清楚地說出她的行為使自己感到個人空間受到了痛苦和羞辱性的侵入。在某一刻，分析師相當惱怒地說，這就好像艾米在追著她滿屋子跑，試圖把手指插進她的屁股。她指出，艾米正在透過持續進行這樣的行為來損害她們的關係。分析師開始對艾米在辦公室外的行為設立嚴格的限制，並且做出堅定的決定，向艾米坦誠什麼樣的提問或請求會讓她感到舒適。當她們探討了她的問題以及不解答這些問題所代表的意義時，治療關係發生了變化。艾米要求的資訊變少了；相應地，分析師也更能夠將艾米的好奇和提

問體驗為興趣而不是侵入。回過頭來看，艾米從分析師那裡收獲了重要的部分，分析師提供了一個關於堅定維護和保護個人界限的示範，以及示範了一種不帶有侵入性的依戀。 136

　　在治療過程中，艾米和分析師理解到，早期創傷的影響是一種對艾米身體恐怖的、痛苦的、毀滅性的侵入。其結果是，身體的親近和親密被不受控制地感受為是侵入性的、創傷性的、危險的。艾米和分析師猜測，當年母親在對艾米進行身體侵入的過程中，由於她自身的愧疚和苦惱，使她無法或很難做出同理的回應，來幫助艾米經歷和忍受這個痛苦的過程並陪伴她度過創傷的情感狀態。事實上，隨後幾年，母親在很大程度上試圖否認已經發生了的創傷。由於創傷發生在嬰兒早期，在象徵化能力形成之前，因此它會以符號形成之前的方式被編碼為「情緒記憶」（Orange, 1995）而持續存在，超出口頭清晰表達和體驗的能力範圍之外，只能以瀰散的身心症狀態或行為表現的形式呈現。一次又一次，之後發生在艾米生活中的創傷和困難，就好比是對那些已經前符號性地（presymbolically）編碼了的部分進行重複和確認。她的許多症狀和恐懼也都能被理解為，試圖展現出她隨時隨地都感到自己持續處於被毀滅性地侵犯和侵入的危險中，也展現出她試圖保護自己免受那些痛苦襲擊的努力。艾米和分析師最終也理解到，這同樣的情緒記憶和危機感是如何在治療關係中活化出來，使分析師感到被創傷性地、痛苦地侵入了。

　　治療的結果是，艾米獲得了巨大的進展。她變得能夠忍受與 137 分析師持續增加的分離，這一部分是她對分析師認同的結果。當她在職業上大獲成功時，她也愈來愈能夠把自己看成是一個有吸引力的、能幹的、性感的女性。她收到的約會邀請更頻繁，但她

依然無法忍受進一步的身體親近，也無法對男人不具有「過敏性的」反應。

不幸的是，在治療持續進行到第八年時，艾米患上了漸進性神經性疾患。對這個疾病的理解給她帶來了極其毀滅性的影響。對她而言，這就是從醫學上確證了她一直以來對自己的看法——自己天生有缺陷、不受歡迎、注定孤獨終老。更重要的是，這也是對早年身體創傷性侵入的一種令人恐懼的重複。現在，有毒的外力能夠使她喪失能力、變醜、毫不誇張地摧毀她，再一次粉碎了她勉強建立起的對自己身體存在完整性的穩固感。看起來，在她自我體驗的轉化中所取得的所有進步，都被這個診斷和她患的病症給摧毀了；她漸漸對於與人接觸和親近感到安全，這方面的進步也被抹殺了。事實上，她甚至懷有一種幻想，認為這個疾病是被她生活中的其他人毒害的。診斷之後的第一個月，艾米的預後非常糟糕，她和分析師都陷入了震驚和悲痛中。不過，在接受藥物治療後，艾米的症狀有所減輕，她和分析師開始了重獲平靜的艱巨任務。艾米想要與男性建立關係的願望再次突顯出來。她表達了她的挫敗，投入了這麼多時間，但她在獲得親密和性生活方面的能力提升是如此之少。甚至更讓人氣餒的是，她意識到在某些方面自己變得更糟糕了；受到臨床症狀的影響，她對於食物、太陽、寒冷和細菌的畏懼性迴避變得更為嚴重。現在她置身於疾病及其帶來的所有可怕影響的桎梏中，她又如何能夠希望可以吸引異性呢？

艾米和分析師一直持續聚焦於艾米早年身體創傷帶來的後果，童年後期的喪失和破裂，以及她當前的疾病再次創傷性的影響。儘管艾米抱怨在他們的討論中沒有什麼新鮮的東西，但她看

起來更能夠去把握機會——比如，她會打扮一番前赴約會。而分析師也愛莫能助，只能去探究精神分析過程如何能夠改變前符號形式存在於艾米身體中的早期創傷的影響，現在這個創傷又以毀滅性的方式復活了。這個問題位於精神分析性理解的邊界上。對此，還有許多東西值得學習。

【第八章】破碎的世界／精神病狀態： 關於個人灰飛煙滅的體驗

> 萬物分崩離析；中心無能撐持。
>
> ——威廉·巴特勒·葉慈（William Butler Yeats）

持續採用現象學的、後笛卡兒視角所帶來最引人注目的結果之一是，處於最嚴重譜系的心理疾患——所謂的精神病——也對精神分析性理解和治療開放。這種開放能夠發生，是因為這些心理失常體驗的特徵是圍繞著個人的灰飛煙滅（annihilation）和世界的摧毀這一主題的。這樣的體驗發生在笛卡兒思想系統的視域之外，他對心靈的構想是一個孤立的存在物，與一個穩定的外在現實是有關係的。而笛卡兒式的心靈圖像嚴格地把內在的心理主體與外在的真實客體分離開來，把非常獨特的體驗模式進行具體化和一般化，認為個體自我的持續穩定感和外部世界是不同且分離的。極度自我喪失的體驗和世界瓦解的體驗不能概念化為這樣一個心靈的本體論，因為它們消融了普遍構成個體存在的這個本體論結構。

有些作者（Bernstein, 1983; Toulmin, 1990; Orange, 1995）已經提出，笛卡兒主義者對確定的追求是具有防衛功能的，與之關聯的心靈學說是為了減輕混亂、不確定和創傷的感受。在笛卡兒思想產生的那個時代，類似的這些感受被災難性的歷史事件放大了，同時也因笛卡兒個人成長過程中的喪失和突變而加強了

（Scharfstein, 1980; Gaukroger, 1995）。也許這些感受的極端形式就是本章討論的灰飛煙滅的層面。笛卡兒式原則的理論有效避免了這些體驗的發生，同時也影響到精神分析對這些晦澀難懂的體驗的理解。

　　接下來，我們會從一個互為主體的、現象學的視角來描述這種心理疾患的極端譜系。正如整本書所討論的，互為主體性理論是一種後笛卡兒的精神分析視角，它的核心是關注個體的體驗世界，從其自身的角度來理解，而不是參照外在的客觀現實。此外，這個世界總是被放在一個與其他世界互動的關係性情境中來看待。這裡描繪的對灰飛煙滅狀態所進行的互為主體性分析，顯著受到一系列二十世紀精神分析思想家的影響，包括榮格（Carl Jung, [1907] 1965）、維克多·陶斯克（Victor Tausk, 1917）、保羅·費登（Paul Federn, 1952）、溫尼考特（Winnicott, 1958a, 1965）、隆納·連恩（Ronald Laing, 1959）、奧斯丁·戴斯·勞瑞爾（Austin Des Lauriers, 1962）、哈洛德·席爾斯（Harold Searles, 1965），以及寇哈特（Kohut, 1971, 1977, 1984）等。他們都與笛卡兒式的世界觀有顯著不同，雖然在其他方面他們還與笛卡兒的傳統保留著聯繫。我們首先透過重新討論精神官能症和精神病的臨床區別來開始我們的分析。

精神官能症與精神病

　　傳統上認為，區別精神官能症和精神病的標準在於評估病人與客觀現實的接觸。根據定義，精神病指的是一種與現實斷裂的狀態；而精神官能症則被看成是一種還保留了與現實接觸

的病理性狀態。佛洛伊德在〈精神官能症與精神病〉（Neurosis and Psychosis, Freud, [1924] 1961c）和〈精神官能症與精神病中現實的喪失〉（The Loss of Reality in Neurosis and Psychosis, [1924] 1961b）這兩篇著名的文章中闡明了這個長期存在的觀點。在文章中，他試圖透過引用心靈結構的三重模型，來描述心理病理廣泛分類中的異同之處。他認為，在這兩種情況下，病人的困難最終都產生於「缺乏對那些永遠存在的、超出控制的童年願望的滿足，而這些願望深深地根源於我們的構造中」（[1924] 1961c, p. 187），也就是說，產生於未被滿足的本我衝動。根據他的描述，精神官能症與精神病的區別在於未被滿足的本能慾望和阻礙它們得到調和的力量之間的衝突。在精神官能症的例子中，「自我在效忠外部世界並在征服本我的努力中依然保持真實」，而在精神病中，自我「允許自己被本我壓倒並被迫離開現實」（[1924] 1961c, p. 187）。在更複雜的類似表述中（Freud, [1924] 1961b），精神官能症與精神病被描繪為來源於本我對外在世界挫敗的反抗。在這兩種情況下，衝突都可以被分解為兩個階段：

142

　　（第一個階段是）自我被迫離開現實，而（在精神官能症中）在第二個階段則試圖彌補造成的損害，並且在以本我為代價的情況下重新建立與現實的聯繫。在精神病中，第二步是試圖彌補現實的缺失，但並不是透過約束本我為代價，而是採取另一種更為高傲的方式，透過建立一個新的現實，這個現實不再接受已經摒棄的異議。（pp. 203-204）

佛洛伊德總結了兩者的區別，認為「在精神官能症中，一部分的現實通過逃跑的方式被迴避了，而在精神病中則被改造了」（Freud, p. 204）。這種重塑在於「精神病人建立了一個新的幻想的外部世界，試圖在外在現實中尋找一席之地」（p. 204）。

如此看來，精神官能症與精神病的區別是一個典型的笛卡兒式心靈的觀念，把一個人描繪成一個存在物，則他要麼能準確地理解周遭的外在現實，要麼不能。在佛洛伊德派的精神分析和一般傳統的精神病學中，由做為觀察者的臨床專家來判斷病人的體143 驗是否正確地與客觀真實世界相匹配，這意味著前者已經被假定處於權威地位，可以決定什麼是真實和正確了。

如何將精神官能症與精神病之間的臨床區別放到一個現象學的、後笛卡兒的框架中去看待？這個問題是否還有相關性，鑑於這一區別事實上是建立在笛卡兒基礎上的？對體驗的關注將使分析師不再去判斷被感知和相信的事物的真實性，而是去評估其從自身角度出發的個人現實和主觀世界，並且不參照真實的外在標準。當承認這種修正的方式必然會去除精神病理學分類中一刀切的基礎，同時承認臨床醫生更有可能自己處理的是由各種主體維度定義的連續光譜，我們就可以給出一個初步的回答，即所謂的精神病人所展現的體驗確實與精神官能症和正常人是不一致的。正如前面提到的，這些體驗的核心主題是個人的消滅，我們將會更細緻地探討這個主題。

個人灰飛煙滅的體驗

精神病總是縈繞著一種不可知的氛圍，看起來與平常的體驗

是如此遙遠，因而要達到同理是極度困難、甚至是不可能的。這種感受到的困難確實內蘊於對這些情形特有的定義中，因為它們的基本特徵就是違背了正常人所居住於其中的、被假設為真實和現實的世界。但是，在我們看來，與這種極端心理異常的主觀狀 144 態建立同理時遇到的阻礙，並不僅僅是由於這些體驗遠離了人類一般的正常生活。如此強的阻礙來自一個完全不一樣的原因，亦即，做為觀察者的臨床醫生對於體驗性質本身的假設，進而對於一個人特性的假設。當我們認為一個人擁有心靈，而這個心靈又被看作具有內在的、有意識的（也許是潛意識的）心理內容，那麼這就強行構成了一個結構。這個結構尖銳地勾勒出與客觀上真實的外部世界有關的個體人格的邊界。正如我們已經指出的，這樣一個圖景把主體的場域二分為內在和外在，把兩者之間的區別具體化、固定化，並且把產生的結構設想為人類存在的普遍要素。

一旦我們理解了關於個體的笛卡兒式觀點，是如何對一個非常獨特的體驗模式進行具體化和一般化的，我們也就能看出為何精神病中如此突出的主觀狀態，永遠不能被充分地包含在基於笛卡兒前提的概念系統中。這些狀態包括那些消融了區分「我和非我」邊界的體驗、那些個體特定身分認同的碎裂和消散的體驗、那些瓦解了現實本身的體驗。相反地，一個現象學的框架對心靈圖像、心智或心理組織的具體化是不受阻礙的，因此可以自如地研究體驗，而不需評價其與一個假設的外在現實相關的真實性。相應地，探索灰飛煙滅的狀態並不存在特別的哲學困難，因為我 145 們關心的僅僅是這個人以及他或她的世界，不論它們可能呈現的是怎樣的狀態。

　　研究心理上的消滅時，人們可能會關注自體的體驗，或者更廣義地說，關注世界的體驗，前者看起來是涵蓋在後者核心領域中的。自體的體驗和世界的體驗兩者互相交織、密不可分，其中一個發生任何巨大的改變都必然會相繼引起另一個的改變。例如，自體的解體並不是一個主觀的事件，個體的自體感若不知怎麼被抹去了，個體其他方面的世界要保持完好無損是有困難的。自體喪失的體驗意味著喪失了一個持久的中心，這個中心與組織個體體驗的完整性是有關的。因此，一個人自體的解體會不可避免地導致個人體驗在一般意義上的瓦解，最終的結果是喪失世界本身的連貫性。同樣地，世界整體性的崩潰意味著喪失了與自體感的定義和維持有關的穩定的現實，並且自體碎裂的體驗也會不可避免地緊隨其後。因此，世界的瓦解和自體的解體是同一個過程不可分離的兩方面，是同一個心理災難的兩面。

　　灰飛煙滅的體驗位於精神病的中心，並且常常直接地體現為類似的表述：這個人死了，或正在死去，他或她沒有自我、並不存在，或者缺席不在場。那些體驗過灰飛煙滅感的人也常常說這
146 個世界是不真實的，破碎成碎片的，甚至末日已來臨。有時候，一個人個體現實的毀滅表現為一種一直在墜落的體驗，一種旋轉失控的體驗，一種無限縮小和消失的體驗，或者是一種被周圍環境吞沒的體驗。但更為常見的是，體現為一種對重建存在感進行彌補和修復的努力，這在臨床情境中最為突出，而這些努力會表現為各種各樣的形式。例如，變得不真實的感覺會讓一個人著迷於照鏡子，彷彿持續關注身體存在的視覺輪廓能夠補償個人自體感的消失。一個人體驗到存在核心的死寂，會去尋求一種相反的活力感，透過增加感覺強度來獲得這種活力感，如自我強加的痛

苦、古怪的性行為，或令人興奮得不顧性命的冒險。身體邊界消解，以及融化進周圍環境的恐怖感受，會引發穿很多件衣服的行為，一件套一件，這表達了試圖想要重建並保護被摧毀了的自體完整性的界限感。個人身分認同連續感的崩潰，久而久之會產生強迫性的回憶，並在心理上重新活在最近或遙遠的過去發生的大量事件中。對各種事件的回憶，體現出個體將暫時割裂的歷史碎片變為一個整體的努力。體驗到現實本身的瓦解，以及世界分崩離析，陷入一堆互不相關的感知和無意義事件的混亂中，這會產生幻覺。在幻覺中，孤立的要素被重新編織在一起，並被直接賦予了不祥的個人意義。熟人的外在有細微變化，似乎就表明了全球性的變動以及身分認同的破裂，這預示著個體穩定的世界將碎裂為一片混亂。這些連續性的破裂會透過妄想性的想法得到修復與緩和，比如認為這些人不知怎麼地都被邪惡的冒名頂替者取代了。在所有這些情況中，想要重新整合破裂的世界，並重建存在的持續性和連貫感的補償性努力是非常明顯的，而潛在的灰飛煙滅狀態則退到了背景中。

147

　　在另一些個案中，灰飛煙滅本身就常常出現在生動具體的、象徵的前景位置中。於是，個人毀滅的畫面瀰漫並占據了個體的體驗。在這裡，極端的具象協助將個人消解的自體感維持在意識的焦點上。例如，被致命的化學物或看不見的氣體毒害的畫面，具體地描繪了一種被社會環境具有衝擊性的、侵入的影響所滲入甚至殺害的感覺。想像一個遠端機器發出有影響力的射線，進入個體的腦袋和身體中，這同樣也清晰表達了一種喪失了能動性[1]

1　在這裡，能動性（agency）、本真性（authenticity）、內聚力（cohesion）等術語完全就現象學的意義而論，指的是灰飛煙滅（annihilation）狀態的形成通常依循的自我體驗向度

並落入外星人毀滅性控制中的體驗。想試圖謀殺自己的刺客或祕密策劃陰謀的政府機構，均具體化了在面對來自情感上重要他人不可抗拒的壓力時體驗到心理被消滅的威脅。一個超自然的實體
148　突然占據了個體的大腦，這象徵著個體主體性被無法抗拒地侵入和篡奪了。

　　有時候，灰飛煙滅的意象是混雜著、甚至是被看起來誇大或高度理想化的自我或他人的構想取代的。後者表達了個體試圖復甦破碎且被消除的自體感和世界的努力。但是，誇大和理想化的概念在個人灰飛煙滅的現象學脈絡中被理解為是有問題的。把一種特定的體驗認定為是理想化或誇大的，這涉及定義個體的判斷標準——相信什麼是合理的，而什麼又是不合理的。誇大意味著賦予個人實際上沒有的意義、力量和完美。在傳統上，理想化這一概念就常被使用，它意味著相應地提升某個情感上重要他人的意義和完美性。然而，在個人灰飛煙滅的脈絡中，這並不代表所謂的理想化和誇大賦予或增加了任何東西。從外部參考點來看，這也許在主觀上可以被理解為一種著重突出的感受，感到個體活著，感到個體擁有能動性和主體性，感到個體的體驗屬於自己而非任何人，感到個體的個人世界是連貫的並持續是真實的。例如，妄想性地聲稱自己是世界的主宰，其核心可能包含了一種個體知覺和自我思維的消解感。表面上對個人成就和能力的誇大，
149　可能明確和強化了能動性和自主性在其他方面被威脅的體驗。想像自己是皇室譜系的後代，或者是上帝特選的子民，這突出和保護了一種正在消失的、與世界上他人的連結感。認為已經參悟了

（Orange, Atwood, and Stolorow, 1997, chap. 4）。

宇宙的終極奧祕，獲得了對所有存在物相互關係的理解，這珍藏和維護了在面臨完全崩潰的威脅時，個體個人世界的完整性。在最後四個例子中，問題並不在於把不切實際的誇大或理想化的特質歸於自己或他人，而在於個體的小宇宙遭到了攻擊，並有灰飛煙滅的危險。現在，讓我們轉向互為主體的脈絡，在其中那些我們已經描述過的體驗是如何形成的。

灰飛煙滅的互為主體脈絡

在之前的一本書中（Orange, Atwood, Stolorow, 1997），我們提出個人灰飛煙滅的體驗反映了一種互為主體的災難，心理上與他人的持續關係遭到了根本性的破壞。這種破壞蘊含了什麼？它包含了與他人確定有效連結的喪失，以及主觀世界被衝擊和篡奪的碎裂。儘管造成灰飛煙滅狀態的具體事件和生活境遇不盡相同，但是它們共同的影響是在最基礎的層面上逐漸削弱了個體的存在感和真實感，包括體驗到自己是一個主動的自我和主體、擁有一種連貫的身分認同並屬於自己、具有一個勾勒和界定我和非我的邊界、在時間和歷史中是連續的。 150

將心理上的消滅放在一個互為主體場域的脈絡中去看待，這意味著這種體驗被解釋為發生在互相影響的生活系統中。因而，體驗的外在表現並不被看成僅僅是來自病人內部的病理情況；但是，也不把它們簡單地認為是遭受他人毒害的反應。這種一面倒的概念，強調單一的決定因素不是來自病人，就是來自人類環境，而沒有考慮到發生在兩者之間複雜的交互過程。有時候，那些經歷了上述體驗的人被認為是本來就特別脆弱或者具有易感

體質，並把這種易感性看成是個人消滅起源的決定因素。這種觀點的問題在於，它回歸了笛卡兒式客觀主義的思維，在這種思維中，位於個體「內部」——在他或她的心靈中或大腦中——的因素成為其主觀狀態的重要原因。於是，我們就有了一幅孤立心靈的畫面，它包含了敏感和脆弱的易感體質，一面對各種客觀的外在壓力，個體就崩潰了。若從一個互為主體的框架去理解，並不存在位於任何人內部的、完全隔離的脆弱性，因為無論是否表現為脆弱，都只會發生在特定的互為主體場域中。

151 　　　想像一個病人感到她不在場、並不存在、沒有自我。進一步想像一個並不瞭解這種狀態的臨床醫生問她：「你今天感覺如何？」第二人稱的「你」，向病人暗示著她不能體驗到的一種存在感，這樣一來，在她和提問者之間就出現了一個誤解和失效的鴻溝。也許這個病人回答說：「十億光年。」這表達了她感到與提問者是如此遙遠，鑒於對方已經有了一個天真的假設，認為存在著一個「你」，對這個「你」而言，這個詢問是明白易懂的，這個「你」可以回答當時的感受。也許這個病人還感到自己被提問者毫無根據的假設所侵入和占據了，接著她開始說覺得有一個機器發散射線到她的大腦中，以此賦予這種深深的灰飛煙滅感形式和實質。從提問者的角度來看，他對事物採取笛卡兒式的觀點，那麼病人的回答是絕對不可理喻的。畢竟，問題是恰當和清晰的，而得到的回答根本沒有顯示出任何正確和真實的關聯性。病人就在幾呎之外而非十億光年遠，世界上也不存在如病人描述的那種機器。顯然，提問者會認為，病人是如此敏感和脆弱，以至於最輕微的人際互動都會觸發病人心靈或身體中病理性過程的怪異反應。於是，一個相互強化的互為主體性分裂就出現了，提

問者把缺陷歸因於病人的心靈或大腦，而病人體驗到她的心靈或大腦正在被一個外在的影響滲透和占據。

　　現在，想像另一位臨床醫生用另一種方式和病人對話，他承認她的那種非存在感，也理解病人準備屈服於任何發生在她身上的事情。他用第三人稱和她說話，傳達他瞭解不存在是多麼糟糕，並用各種非常具體的方式讓病人知道，在這個持續發生在生活裡的災難中，她並不是孤單一人。病人對這種完全不同的方式很意外，感到被理解，並且自相矛盾地開始感到一閃而過的存在感，直接感到了一種與持續不存在的感覺截然不同的瞬間。由於這種被看到和被承認的確認感，才產生了這些存在的瞬間，它們帶來了痛苦的鮮活感，因為它們與那種持續伴隨著的、不存在的麻木感和死寂感有巨大的反差。也許過了一段時間後，病人說她被一群蜜蜂叮了，這是把偶然發生的、重新感到鮮活的瞬間具體化了，因為它們與熟悉的死寂和非存在不同。讓我們進一步想像，第二位臨床醫生接收到了這個短暫的妄想所蘊含的隱喻，並找到方法解決病人感到的重回生活的矛盾體驗。於是，在「被他人肯定」這種無可比擬的力量中，她的存在感再次加強了。病人準備接受別人對她的歸因和定義，而這本身就鑲嵌於一個複雜的、畢生的互為主體討論的歷史中。這並不發生在第二種互動的前景中，因此也不表現為在體驗中展露一種操作性的缺陷或脆弱。因為在這個情景中，互為主體場域的特點是一方面逐步發展出理解，另一方面確證感占據主導、存在感持續增加。

　　在前文引用的例子中，我們看到一位採取笛卡兒式假設的臨床醫生沒有站在理解非存在的位置上。對這樣一個觀察者而言，病人的不存在並不是真的，她的缺席也不是真的，她關於機器發

出穿透性的射線影響自己的說法，不過是誇張的妄想。當然，這位臨床醫生在溝通中體現出的任何回應，都強化了病人被否定和灰飛煙滅的體驗。於是加速出現一個分離的世界，病人關於消失的具體化圖像變得更加複雜，而臨床醫生對於展現在他眼前的瘋狂景象更加驚愕。在這個惡性循環下，病人所謂的妄想表達了主體性遭受到的圍攻，這是由互相誤解和互相否定所構成的兩個世界之間戰爭的產物。

　　為了進一步定義和闡述個人灰飛煙滅的脈絡，我們再看另一位病人。她是一位年輕的天主教女性，多年來都被一種想像所占據：認為自己與上帝有一種特別的聯繫。在生動的幻覺和複雜的妄想中，她體驗到和聖父與聖子是一體的，以不同的方式認同聖母、聖靈和耶穌基督。她有時聲稱與耶穌基督有過性結合，飛身到羅馬躺在大主教的懷裡，自己是上帝將締造和平的治癒力量播撒人間的通道。病人擁有的這些想法和信念，使得周圍的人無法在有意義的對話中將他們的體驗與她聯繫在一起。因此，這個病人被認為是與真實世界喪失了連結的瘋子。當然，以現象學的方式，當我們試圖用病人自己的主觀術語去理解，探索使她的情況在人性上可以被理解的歷史事件，就不會產生這樣的評判或診斷。這樣的探詢透露了發生在她童年中期的一個關鍵事件，她深愛的父親在遭遇毀滅性的失望和個人職業生涯的失敗後突然自殺了。我們還發現，父親的死亡被家庭掩蓋了，並虛假地把它重新定義為一場意外，然後就被隱藏在一堵無法穿透的沉默之牆內。整個家庭繼續生活，就像父親的自殺從來沒有發生過一樣。對父親談得如此稀少，以至於他被降級為一個從未有過實際地位的人。正是家庭避而不談父親的死亡和生命，使得病人內在的死

154

寂感和孤獨感在隨後的幾年中逐漸加深。也正是在這個情景中，她第一次沉思默想出耶穌基督的形象，以及想像自己在三位一體中有一個特殊的位置。在十多年的時間裡，她與上帝有關聯的這個隱祕的宗教想法，逐漸發展成羽翼豐滿的妄想性現實，最終在家庭中爆發為巨大的暴力衝突。第一次衝突時她被緊急送進精神科住院，之後還住院了很多次。在這段時期，病人試圖表達的核心，就是她要與耶穌馬上結合為一的這個強烈的、迫切的需要。她深信耶穌已經奇蹟般地化身為一個她早就認識、並且在一段短暫時間內依賴過的教會附屬諮商師。

在病人還年幼時，與父親的連結就是她持續存在的核心；當 155 父親死了，連結也喪失了。如果她從小一直相信他事實上是愛她的，那麼對她而言他的故意自殺就是難以想像的。然而，那種難以承受的被拋棄的體驗本身又被家庭的否認壓抑了。因此，當父親活著的時候她瞭解的現實，以及當父親自殺後她所感到的喪失感都被根除、作廢了。最終，隨著死寂感的擴大和加深，她的自體感逐漸削弱。

在這個被拋棄、毀壞的情境中，該如何理解病人看起來古怪的宗教性表達和需要？追隨佛洛伊德的笛卡兒式分析師會不可避免地聚焦於病人的信念和她生活情境的客觀真實之間的巨大差距，認為其缺乏現實檢驗力，打破了客觀的真實，並建立了理想化的替代物。從這個視角出發，一連串的宗教幻想和妄想表現為滿足對喪失與父親連結的願望的替代物，而病人沉浸在這些幻想所構成的精神失常中的代價，是她缺乏對現實、痛苦的悲傷情境的關注。相反地，一個互為主體的分析師聚焦於病人所謂的妄想是如何保護和留存一個破碎的世界；是如何恢復一個已經在

根本上遭受消滅的個人現實；是如何在被完全消除的體驗中努力復甦、維繫世界的連結。根據這種後笛卡兒式的視角，她並不是要逃離痛苦的現實，她是在使用她信仰的符號去封裝那所剩無幾的、被毀滅了的與父親的連結，從而維持對自己和對世界的體驗中最真實的部分。在治療過程開始時，她急迫地、帶有攻擊性地反覆訴說她與耶穌基督結合的需要，這表達了她的存在依賴於保存與世界連結的迫切需要。

將這樣一個人看作是妄想性的，這突出了她的體驗和信念與外在現實條件之間的不一致。從這個視角出發，必然產生的一個目標，就是要重新使病人的想法與一般認為的真實和正確的事物保持一致。在合乎規範的信念中，沒有與耶穌基督有特定連結和飛身羅馬等思想的一席之地，這些想法被認為是病理性的幻想，是需要被解釋、被放棄或壓抑的。有人也許會問，以這樣的方式看待和治療病人，會對病人產生什麼樣的影響？這樣的觀點必然傳遞了一種訊息，病人被她感到最迫切的願望誤導了，並且她僅存的想要維持自我及其現實的願望是毫無根據的。這個訊息重複並強化了她所感受到的、被父親和她的家庭拋棄和否定的情緒體驗，後果是加速了她的妄想過程，因為病人會以更加具體、生動、戲劇的方式來尋求自己的存在。於是，惡性循環就再次盤旋起來，分離的世界在誤解和互相否定的無止境循環中彼此鬥爭。

相反地，理解病人這個乞求的意義的分析師不會企圖重組她的體驗內容；反之，分析師的目的是將一個新的要素引入她毀壞的生活中，圍繞著這個新的要素，她可以重新感到存在的內核。這個要素將會根植在她對分析師的體驗，以及對分析師理解的體驗中，這在情緒上具有影響力和力量，並且具有安撫和安心的作

用。而分析師將會建立起個人的存在，首先是分析師的身體在時空中的存在，透過有規律地出現和再現，透過各種簡單具體的互動來吸引病人的注意。最終她所持的拯救自己和世界的妄想性努力開始直接指向分析師，這終究會發生。她會向分析師施加壓力，讓他促成她自身和她認為是耶穌基督的男人重聚，而分析師將會溫柔但堅定地回應，告訴她這個世界上唯一應該考慮去見的人是分析師本身。分析師會進一步解釋，除了他們彼此的見面，不存在與任何其他人的見面，因為只有在彼此一起的工作中，她才會愈來愈好，並且能夠回家與所愛的人在一起。在所有這些干預中，分析師被一種理解引領著，即分析師必須成為病人努力奮鬥的後繼者，而治療關係正是實現她心理存活的核心戰場。她會如何回應這些呢？妄想的過程非但沒有惡化，事實上還開始減弱了。因為分析師被構建為她可以聯繫的人，從他身上，她可以在 158 毀滅的世界中恢復自我感和現實感。起初，她的依賴一定非常強烈，她甚至會暗示自己發現分析師具有和全能上帝一樣的特殊地位。這樣的表達可以理解為連結的力量正在形成，這個連結加強了正在重新組裝過程中的分裂世界。相應地，分析師不會在言語內容的層面對這種說法做出回應，而是鞏固她已經開始體驗到的正在發展的連結。這個連結每牢固一點，都伴隨著她的世界進一步穩定，以及逐漸去中心化的宗教性畫面，因為它們的功能被治療關係取代了。在這個治療過程的早期階段，連結的任何擾動都會產生極端的、被拋棄的恐懼反應，有時宗教性幻想也會再次出現。當受到威脅的連結在每個情景下都得以恢復時，恐懼就會消失，宗教性幻想也會減少。透過這種方式，治療性條件逐漸形成了，她被拋棄、被背叛、被否認的體驗能夠在一個持久的基礎層

面得到解決和治癒。

　　一旦對精神病人採用後笛卡兒式的態度，正如以上兩個案例描述中所呈現的，就會形成新的理解，出現之前看不見的治療介入的機會。為了探討這種視角轉變的含義，我們會討論在臨床精神分析中與理解灰飛煙滅狀態有關的其他兩個重要議題：躁狂，以及在最極端形式下心理創傷的性質。

159　**躁狂的抗議**

　　傳統上，躁狂這種精神狀態被定義為個人情緒、思維和行為，與預先設定的正常標準出現偏差。用於識別這一心理狀態的診斷性指標特徵有：不切實際的過度興奮、思維奔逸、誇張自大的計畫、性慾亢進、極端易怒、對他人的需要和感受不敏感。在笛卡兒式框架內應用這些標準，訴諸的是來自外部的健康準則，這不可避免地阻礙了分析師從病人自身的經驗世界出發來探索躁狂。將躁狂看作一種情緒障礙的精神分析視角，關注於專門的心靈內在動力，並將根植於關係脈絡中的主觀狀態排除在外。對此，當採取一種持續的後笛卡兒式路徑時，會相應地提出兩個問題。第一個問題是，從一個試圖接近體驗的觀點出發，躁狂的特點是什麼？第二個問題是，伴隨著躁狂狀態發生的典型互為主體場域的結構是什麼？對於這些問題的回答，我們受到的啟發有：布蘭洽夫特（Bernard Brandchaft, [1993] 1994）影響深遠的見解，以及對這個現象進行自傳式描述的兩本書籍中提到的某些體驗，一本是杜克的《精彩絕倫的瘋狂》（*A Brilliant Madness*, Duke and Hochman, 1992），一本是傑米森的《躁鬱之心》（*An Unquiet*

Mind, Kay Jamison, 1995）。

　　在杜克成年早期體驗到的幾次躁狂發作中，有一種引人注目的幻想，即國外政府機構已經滲入白宮。她相信這些潛入者正在 160 逐步掌握美國政治。她的任務是親自拯救國家，透過根除這些入侵者，把政府的操控權交還到美國官員手上。實際上，這一任務的嘗試失敗了，緊接著她就陷入了非常嚴重的憂鬱。通過瞭解類似幻想，可以如何理解這個躁狂體驗及其脈絡的性質呢？我們認為，杜克關於國外機構潛入美國掌控政治決策的想像，其實具體化了她心理上被侵占的感覺——關於明確的身分認同以及對自己人生方向的掌控，她屈從了他人的意願和安排。與這個連結相關的、壓倒一切的生命史實是，她是在一個高度虐待性、剝奪性的環境中長大，是娛樂產業的產物。做為一個年輕的女孩，她被電視經紀人和製片呼來喚去。她成長在一個從來都沒有真正屬於過她的世界，成了一個全國著名的明星，代價是喪失了童年。理解她情緒受到俘虜的程度，可以幫助我們識別在她的個人生活情境中躁狂的意義具有怎樣的核心特徵。她的躁狂狀態核心包含了一種逃離的企圖，期望擺脫或逃脫決定了她的身分認同和人生方向的外在事物。布蘭洽夫特（Brandchaft, [1993] 1994）把這種逃離形容為「暫時擺脫奴役的束縛」（p. 72），當然它只是二元模式的一面而已，另一面是把自己和自己的生活移交給起決定作用的特異任務。正如杜克幻想美國政府所面臨的困境，象徵性地描繪 161 了代替躁狂的黑暗面是持續屈服於他人的強大掌控，被侵入性地定義了自己是誰，以及自己應該如何生活。

　　有趣的是，《精彩絕倫的瘋狂》的合著者事實上是一位科學記者，她從生物精神醫學的視角撰寫了杜克個人編年史一書的幾

個章節。這些章節描繪了疾病的生理原因，穿插在杜克撰寫的、講述從她的視角體驗到的生活故事的章節中。如果把這本書的整體作為杜克靈魂之旅的紀錄，我們就見證了一整套完全外來的決定，就像想像中的白宮潛入者一樣，占據在她關於她自己的敘事結構的內部。因此，這本關於她的躁狂的自傳，循環地反映了躁狂本身的內在模式，擺蕩在兩個位置之間：一個是習慣性地屈從於外在權威，一個是自我表達和自我解放。

在傑米森《躁鬱之心》一書中，存在著在體驗上相互矛盾的另一個平行面。雖然這本書只有一位作者，但是在流動的描述中可以識別出兩個不同的聲音。一個聲音是與醫學權威結盟的，一遍又一遍確認那些讓作者痛苦的躁鬱症的生物學基礎。這個聲音形容道，傑米森的生活事件就像是一個器質性疾病的發展歷程。另一個聲音重複地表達了她熱愛在兩極循環狀態中的強烈體驗，並非常不情願地接受了躁狂這個醫學診斷和醫生開的穩定藥物。162
這個瘋狂故事一再發生了許多事件，其中某個事件是一個生動的幻覺，這個幻覺象徵性地編碼了傑米森個人史的重要層面。她描述，在躁狂行為不斷增加並持續了一段時間後，在某個夜晚她突然感到眼睛背後有一道奇怪的光，然後她看到一個巨大的黑色離心機，這個離心機不知怎麼地就在她的腦子裡。然後一個身穿飄逸的白色晚禮服、戴著長長的白色手套的人，拿著一個花瓶大小、盛滿血的玻璃管走向離心機。她認出這個人就是自己，然後恐懼地看著血染到晚禮服和手套上。這個滿身是血的人把玻璃管放進離心機裡，然後打開了機器。她被驚嚇而癱瘓，看著機器轉得愈來愈快，聽著玻璃管碰撞發出愈來愈響的叮噹聲。最後，離心機爆炸成數千個分離的碎片。血濺得到處都是，把一切都染紅

了，甚至灑到了天空中。

我們該如何理解這個幻覺，傑米森的躁狂又告訴了我們什麼呢？玻璃管中的血液也許是她內在活力的象徵，被裝在一個基於她成長環境的角色身分中。這個身分表達為一個身穿晚禮服的人，那是傑米森童年時傳統的軍人世界對一個年輕女孩的期待的具體化。做為一名空軍軍官的孩子，她被期望要學「良好的禮儀、跳舞、戴白色手套和其他虛無縹緲的東西」（1995, p. 27）。在這一系列期待中，留給她所形容的那個極度反覆無常的女孩的空間寥寥無幾。血液遭受到離心機巨大壓力的畫面，描繪 163 了傑米森自我體驗到她必須要去完成的角色帶給她的沉重影響。當離心機爆炸了，這些角色分崩離析，一種從前被禁錮的精神生活得到了釋放。但是這種釋放是一種無結構的混亂，否定了她一直所居住的有序、模式化的世界，卻沒有包含取而代之的有組織的事物。

從一種後笛卡兒式的互為主體視角出發，躁狂的狀態不能僅僅被看作是一種對憂鬱的防衛，也不能被解釋為唯一的心靈內在轉化的結果（Klein, [1934] 1950a；Winnicott, [1935] 1958b）。躁狂的一個普遍且重要的意義在於，它也許表達了一種對自己被消滅性完全占據的抗議，以及對那種不完全真誠屬於自己的角色的抗議。[2] 因此，透過瓦解一種基於順從他人所安排的身分的「借來的內聚性」（Brandchaft, [1993] 1994），它暫時恢復了自我感和能動性。

2　這個表述與芙麗達・佛洛姆・萊克曼（Frieda Fromm-Reichman, 1954）的概括是一致的──從人際、而非從互為主體性的概念來看，在所謂躁鬱症患者的原生家庭裡，兒童往往都是為他人的需求和目的而存在，而不是做為一個完全獨立且獨特的人被對待。

這種恢復之所以只是暫時的，並且總是具有如此破壞性的原因，在於躁狂的抗議是一種熟悉模式的爆發，但卻沒有構成任何替代性的心理組織。因此，定義躁狂狀態的典型診斷指標，可以被理解為展現了個體主動把屈從的生活帶入混亂的自由。

164

圍繞著模糊的圖像和根植於已喪失真實可能性的直覺，躁狂就出現了。而看似短暫地以躁狂狀態出現的世界，也因此充滿了激動人心的興奮和歡快。突然間，凡事皆有可能，因為一個嶄新的、自由的世界被打開了，存在大量創造性自我表達的機會，也許個體在人生中第一次有一種知道自己是誰的激動感。在極端的情況下，思維和行動的任何限制都消失了，混亂支配了個體體驗的所有面向。最終，這個新的世界不可避免地開始崩塌，因為沒有什麼東西、也沒有誰可以維持它，它也從來沒有牢固的基底組織。這個時候，常常會出現壓倒性的憂鬱，因為舊的身分開始重新主張，並且舊的適應模式開始恢復（Brandchaft, [1993] 1994）。新發現的自由消失了，個人命運的光輝美夢也破滅了，暫時增強的效力感和能動感也被死寂和消滅的慣性取代了。

就像任何主觀狀態一樣，離開所出現的互為主體脈絡，躁狂的體驗是無法被完全理解的。致力將這種心靈狀態的「解釋」歸因於唯一的內在因素，而忽略互為主體場域的結構性作用，就有落入過於簡單化的化約主義的風險。現在，讓我們轉向臨床精神分析中第二個重要的問題：極端的創傷和個人灰飛煙滅的體驗之間的關係。

創傷與灰飛煙滅

　　為什麼有人能成功地用解離的方式來回應創傷，相對完整地保留住他或她組織的世界，而另一些人則帶著自體和世界瓦解的體驗來回應創傷？傳統的精神分析觀點傾向於使用諸如自我力量等概念來回答這個問題，訴諸存在於個體孤立心靈內部的內在韌性因素。只要創傷被認為是由外在造成的，就可以採用這種解釋方式，因為我們預想，不同的心靈對於同一個客觀的事件會有不同的反應。

　　一個後笛卡兒式的精神分析理論並不否認個體力量的存在，不過它認為只有在特定的互為主體場域中，資源才起作用。另外，對於創傷性質的理解，根據其發生的關係和在歷史脈絡中具有的不同部分功能而有所不同（Stolorow and Atwood, 1992）。引發灰飛煙滅感的創傷體驗，所根植的特定脈絡很可能與引發解離的創傷體驗大相逕庭。這個差異的性質是什麼呢？我們將再次透過一個臨床故事來回答這個問題。在這個臨床故事中，一位年輕女士的生活包含了一種持久的、對極端創傷的解離模式。而且，在她的青少年晚期，這種解離失敗了，帶來了灰飛煙滅的體驗。

　　這位病人十八歲時第一次出現伴隨著個人灰飛煙滅感的心理危機。那是一個下午，她身上沒有錢，也沒有辦法回到父母家，於是開始出現持久的幻聽，進而引發了心理危機。她打電話請求母親來接她，但是母親平靜而雀躍地告訴她，她完全有能力自己想辦法回家。在那一段時期，由於生活中出現的各種極端困難的情況，她感到十分憂鬱，而母親的回應令人沮喪和困惑。她不認為自己能夠找到任何方法，也非常確定地感到靠她自己是不可能

跨越五十公里的路回家的。但是母親是如此積極地鼓勵她，要她獨力靠自己回去。她站在電話亭裡，耳邊充斥著對話裡所呈現令人困惑的印象，突然聽到一個聲音說：「你看……你瞎了……你看……你瞎了……你看……你瞎了」。這個聲音一遍又一遍地低吟著這幾個詞，讓她感到更加恐懼和困惑。她不知道是誰在說話，話中的涵義也讓人感到奇怪，而且似乎她一邊聽，涵義還一邊發生變化。聽到的句子互相矛盾，第一句話說她能看見，第二句說她不能。當上一個困惑還沒有解決時，聲音又再次響起，這次它似乎在向她解釋，說她確實看不見任何事物，事實上她就是瞎的。但是她很困惑，如果她是瞎的，完全看不見任何事物，她又怎麼能期待自己看到自己是瞎的呢？她想，這個聲音正在讓她看見她看不見的事物，但是她無法理解這意味著什麼。最後，這些詞句消失了，所有的事物，包括她自己的身體，都開始失去穩固性，開始變得不真實。在這個讓人摸不著頭腦的狀態裡恍惚了幾個小時之後，她被警察發現並送到精神病院。當天報告形容她一直處於突發性精神病狀態中。

在第一次崩潰發生時，有三個情況影響了這位年輕女性。第一個情況是她剛從高中畢業，進入一所大學裡，不認識任何人。在危機發生之前的幾個月裡，她感到愈來愈疏離和孤獨，這與她在初中和高中時的體驗是截然相反的。她上初中和高中時，有很多朋友，有對她很好的老師，也很享受課外活動。但是，現在她卻陷在一種不熟悉的領域中，對上課的內容也不感興趣，長時間獨自待在宿舍裡。唯一打破這種隔離的，是她會時不時與遇見的男性發生性關係，但是他們當中沒有人表示出想要與她建立持久關係的意向。第二個令人不安的情況是，她知道母親患上了卵巢

癌，並且癌症已經開始轉移了。她知道母親只能活一年左右，也一直預見母親的死亡將標誌著她正常世界和正常生活的結束。這些感覺有時會以噩夢的形式象徵性地出現，她夢見童年家裡後院有一個突起的巨大土堆，而且愈脹愈可怕。她將這個愈來愈大的土堆想像成母親的墳墓。在這個災難性的時期，第三個令人不知所措的情況是她出了一次車禍，造成嚴重的腦震盪和膝蓋受傷，飽受折磨人的疼痛長達好幾個星期。受傷前完整和可靠的身體，現在變成了發生巨大痛苦的場所，以及前所未有的脆弱感的源泉。 168

母親否定了她求助的請求，引起了病人災難性的反應，當然這個反應並非獨立於前文所述的強烈壓力情境。我們如何理解這些不同的創傷事件對於引發她最終的灰飛煙滅體驗所發揮的作用呢？我們必須從病人的生命史中尋找這個問題的答案。

直到危機爆發被送進醫院之前，至少從外表看來，病人一直處於高功能水準。在學習過程中，她一直保持著非常優秀的成績，和許多人建立起了長期的友誼，每個認識她的人都認為她是個快樂的人。在外人眼裡，她的家庭也完全正常，草坪修得整整齊齊，定期去教堂並參與家長教師聯誼會，持續為社區組織做貢獻。但是，她的家庭中暗藏著一種瘋狂。在病人的整個童年時期，都遭受父親隱祕的性虐待。從兩歲開始，她每週都為父親提供兩次或以上的口交。父親總是在半夜，當其他家庭成員都睡著的時候進入她的房間。他溫柔地叫醒她：「好了，親愛的，我們的特別時刻又到了。」然後把他的陰莖放到她的嘴裡，慢慢地讓自己勃起，直到高潮。然後父親把她放回床上，悄悄離開。關於 169
夜間發生的事情，病人只和別人提過一次。當她六歲的時候，她

把父親的行為告訴了一位同學。那時，在她的想像中，所有的父親都與女兒進行類似的儀式。因此，她對朋友聽到這件事之後表現出的驚嚇和恐懼感到非常意外。朋友告訴了自己的母親，她母親告訴了病人的母親，病人的母親極度心慌意亂地打電話給家庭醫生講述了整個事件。當醫生解釋說，六歲的女孩通常都會編造類似的故事，來表達早期的性發育，母親便放心了。當天，母親義正詞嚴地警告病人，如果她再繼續編類似的謊話，就會受到嚴厲懲罰。父親也在第二天把她叫到身邊，告訴她最好對他們的特殊關係保持沉默。他還補充說，人們一般還沒有做好準備理解和接受類似的事情，但是最終世界會改變的，世界上的父親和女兒都會有他們的「特別時刻」。他說，在古埃及和古希臘的皇室，父母和孩子都會參與這種愛的行為，而這些地方能在很久以前就有輝煌的成就，部分原因就是因為有這些行為。父親還說，他們兩人事實上是新時代的開創者，新時代將會復興古代的方式，整個世界都會更新。但是，與此同時，她最好把這些都隱瞞起來。她發誓再也不會和任何人說。於是，虐待就不加干擾地繼續進行了。直到她十三歲的時候，家裡的一個親戚撞見父親與病人的弟弟在房間裡肛交。

170

病人是如何在這些情況下存活下來的呢？她的應對方式是，把晚上與父親的經歷，和白天的生活相隔離。在白天的時候，她從來不去想天黑後會發生的事情；相反地，她把自己丟進學校裡，與朋友一起正常生活。父親在白天也完全不同，表現出關心、為家庭奉獻的樣子，而母親的行為也像一個疼愛子女的主婦。家長在政治上持保守態度，致力於給孩子們灌輸自力更生和正義的品質，經常在晚餐時長篇大論關於道德價值和倫理品行的

重要性。父親甚至時常指導他的女兒，以後在生活中遇到年輕男性想要在她沒有準備的情況下與她發生性行為時，應該怎麼做。與此同時，夜間的造訪繼續進行，彷彿是另一個平行的現實，與白天正常生活的體驗涇渭分明地解離開來。病人在晚上屈從於父親，順從他溫和的侵入；每天早晨醒來的時候，就像晚上什麼都沒有發生過一樣。但是，在整個虐待過程中，她被重複出現的噩夢困擾，夢境生動地描繪了她在家庭中的心理處境。

　　其中一個夢境在她童年早期和中期出現了數十次。在這個夢中，她獨自站在廚房閃閃發光的油布地板上。她留意到地板上出現了許多小黑點，每一個都不過逗點那麼大。她接著看到每個點上出現空洞，彷彿有一股無形的、瓦解的力量從地板上散發出來。任何從地板延伸的物體都有洞，洞的大小和下面對應的黑點正好一樣。當她盯著奇怪的黑點時，她注意到它們慢慢地變大。當黑點變大時，物體上的洞也變大了，很快整個廚房的燈、櫥櫃、天花板都開始消失。由於她自己也站在同一個地板上，這個不斷擴大的黑點也威脅到了她。夢境的結局總讓她恐懼地在擴大的黑暗中上躥下跳，盡力讓自己待在光亮中。在這個夢中，黑暗和光亮的畫面與病人童年期白天和夜晚的分裂世界相關。在白天，世界就是它應該呈現的樣子：母親和父親關心她、支持她，她努力學習並且在學業上非常成功，與不同的朋友一起參加快樂有趣的活動。她能夠生存在這個光亮的世界中，與那些沒有被夜晚的事件污染的他人維持完整的連結。但是，當夜晚來臨，一切都不同了：白天關心體貼的父親消失了，他的臉上露出一絲奇怪的笑容，然後開始對她性剝削。在「特別時刻」的過程中，她感到自己被抹除、摧毀了，變成了一個物體。正如她後來回憶的，

171

忍受這些死亡般時刻的一種方法，就是望著她餘光中的月亮，讓
172 自己迷失在月亮的光亮中，直到父親結束。這種依賴似乎也反映
在後來出現精神病時的狀況，她堅定地懷著妄想性的信念，認為
月亮是一個意識實體，一直在保護她、跟隨她、看著她。

　　病人體驗到的白天和夜晚的分裂，在很大程度上反射了她父
親本人的割裂。他自己就在兩個截然不同的狀態中轉換：在其中
一個狀態中，他是一個正常的家長；在另一個狀態中，他是一個
帶著關於愛和古代皇室的奇怪幻想的性虐待者。在病人童年時
期，長期重複出現的另一個夢境傳達了兩個父親及其在分裂世界
中進行迥然不同的行為所造成的張力。在這個噩夢裡，病人一絲
不掛地趴在地上。她身體的兩邊都有六、七個矮小的男人，就
像侏儒或小矮人，每個人都握著一根繩子。每根繩子的另一端都
有一個鉤子插進病人的皮膚裡。起初，右邊的一列侏儒開始拉繩
子，向外拉扯病人的皮膚；接著左邊的一列侏儒也開始拉扯繩子
和鉤子。這樣病人的皮膚被交替地拉扯，先是右邊，接著左邊，
然後又回到右邊，直到最後她在恐懼和困惑中驚醒。

　　現在，我們回到最初的問題：引向灰飛煙滅的創傷體驗，與
那些引向解離的創傷體驗，兩者之間最重要的區別是什麼？病人
年輕時造成精神崩潰的境遇相當於對正常世界進行的三重攻擊，
而她的正常世界本身則受到持久解離的保護，這種解離一直支撐
173 著她的一生。她喪失了學生時代支持性的社會框架，母親被癌症
搶走了，她又在車禍的物理環境中受到猛烈的攻擊。從這些喪失
中，我們也許可以理解在崩潰那天她打電話向母親求助的巨大意
義，以及母親摧毀性的、否認的回應所具有的災難性影響。這種
否認發生在極度脆弱的時刻，尤其重現了她童年時，當她表達出

與她遭受的巨大虐待有關的需要時，父母雙方的反應。

消滅的創傷顛覆了個體理解其人生的整個方式，並且在最根本層面上攻擊了她與周圍的人保持的支持性聯繫；解離的創傷儘管也是對組織體驗存在性的威脅，但在一定程度上還是保留了完整的支持性聯繫，於是一個穩定的自體與平穩的世界倖存下來，得以把創傷事件封裝和裂解。在上述描述的臨床個案中，由於白天生活非常穩定，因此對白天和夜晚世界進行相對穩定的解離才成為可能。而灰飛煙滅的體驗只有在正常的世界本身也開始崩潰的時候才會出現。在病人崩潰之前，特定的處罰事件是母親對她求助的回應。這個請求不但被斷然拒絕了，還被定義為是毫無根據的——母親雀躍地提醒女兒，她完全有能力照顧自己。於是，病人絕望地伸手向家人尋求解救的努力被抹殺了，而她感到世界的現實感也隨之開始消解。幻覺中重複的訊息「你看……你瞎了……你看……你瞎了」，正是以聽覺的形式把這個消解具體化的表現。

通常，在自體和世界的崩潰之前，並沒有戲劇性或可簡單識別的事件，這會導致笛卡兒式的觀察者推斷，病人的精神病完全是由內在因素和過程中發生的事產生的。這樣的推斷憑藉的是對內源性和外源性的精神病理武斷的區分，而沒有考慮到看起來尋常或瑣碎的事件所蘊含的獨特涵義，這些事件可能發生在互為主體場域中。這個脈絡有時包含了那些形成影響深遠、持續發展的世界相關的主題，可以追溯到早期生活的興衰；也包含個體有能力體驗「我是」（I am）的主題。每天發生的事件，在外部觀察者看來，沒有一個方面是不尋常的，卻有可能殘酷地變成與這些主題相關的創傷，逐漸剝離與他人的支持性連結，破壞個體的存

174

在感。沒有來由的突然崩潰、缺乏重大創傷和壓力等誘因下的逐步惡化，從笛卡兒式視角的理解來看，除了發生在病人內部的病理性過程，無法用其他原因來解釋這種精神病性體驗的爆發。相反地，後笛卡兒式的視角讓我們關注到，這些心理災難鑲嵌於溝通中的互為主體場域。這樣的關注常常會打開我們的視野，看到之前在病人的表達中無法看見的涵義。這些涵義促使我們突然對所謂精神病的表現有了新的理解。最重要的是，根據這些調整後的理解，新的治療介入的機會也隨之出現，而病人遭受破壞的世界本身，也向治療性轉化敞開。

175

【附錄一】參考書目

Aron, L. 1996. *A meeting of minds: Mutuality in psycho-analysis.* Hillsdale, NJ: Analytic Press.

Atwood, G. E., and R. D. Stolorow. 1980. Psychoanalytic concepts and the representational world. *Psychoanalysis and Contemporary Thought* 3:267–290.

———. 1984. *Structures of subjectivity: Explorations in psychoanalytic phenomenology.* Hillsdale, NJ: Analytic Press.

———. 1993. *Faces in a cloud: Intersubjectivity in personality theory.* 2nd ed. Northvale, NJ: Jason Aronson.

Bacal, H., and K. Newman. 1990. *Theories of object relations: Bridges to self psychology.* New York: Columbia University Press.

Bader, M. 1998. Postmodern epistemology: The problem of validation and the retreat from therapeutics in psychoanalysis. *Psychoanalytic Dialogues* 8:1–32.

Beebe, B., and F. M. Lachmann. 1994. Representation and internalization in infancy: Three principles of salience. *Psychoanalytic Psychology* 11:127–165.

Beebe, B., F. M. Lachmann, and J. Jaffe. 1997. Mother-infant interaction structures and presymbolic self- and object representations. *Psychoanalytic Dialogues*

7:133–182.

Benjamin, J. 1995. *Like subjects, love objects: Essays on recognition and sexual difference.* New Haven, CT: Yale University Press.

_____. 1998. *Shadow of the other: Intersubjectivity and gender in psychoanalysis.* New York and London: Routledge.

Bergson, H. 1960. *Time and free will.* Translated by F. Pogson. New York: Harper Torchbooks. Original edition 1910.

Bernstein, R. 1983. *Beyond objectivism and relativism.* Philadelphia: University of Pennsylvania Press.

Bion, W. 1977. *Seven servants.* Northvale, NJ: Jason Aronson.

Bleichmar, H. 1999. A modular approach to the complexity of unconscious processes: Implications for psychoanalytic psychotherapy. Paper presented at the Institute for Psychoanalytic Self Psychology and Relational Psychoanalysis, Rome, March.

Brandchaft, B. 1994. To free the spirit from its cell. In R. D. Stolorow, G. E. Atwood, and B. Brandchaft, eds., *The intersubjective perspective,* pp. 57–76. Northvale, NJ: Jason Aronson. Original article 1993.

Brentano, F. 1973. *Psychologie vom empirischen standpunkte* (Psychology from an empirical standpoint). Leipzig/London: Felix Meiner/Routledge. Original edition 1874.

Brothers, L. 1997. *Friday's footprint: How society shapes the mind.* New York and Oxford: Oxford University

Press.

Cavell, M. 1991. The subject of mind. *International Journal of Psycho-Analysis* 72:141–153.

_____. 1993. *The psychoanalytic mind: From Freud to philosophy.* Cambridge: Harvard University Press.

Cilliers, P. 1998. *Complexity and postmodernism.* London and New York: Routledge.

Coburn, W. J. 2001. Subjectivity, emotional resonance, and the sense of the real. *Psychoanalytic Psychology* 18:303–319.

Cottingham, J., R. Stoothof, D. Murdoch, and A. Kenny, eds. and trans. 1991. *The philosophical writings of Descartes.* Vol. 3, *The correspondence.* Cambridge: Cambridge University Press.

Culler, J. 1982. *On deconstruction.* Ithaca, NY: Cornell University Press.

Davidson, R., and N. Fox. 1982. Asymmetrical brain activity discriminates between positive versus negative affective stimuli in human infants. *Science* 218:1235–1237.

Demos, E. V., and S. Kaplan. 1986. Motivation and affect reconsidered. *Psychoanalysis and Contemporary Thought* 9:147–221.

Derrida, J. 1978. *Writing and difference.* Translated by A. Bass. Chicago: University of Chicago Press.

Des Lauriers, A. M. 1962. *The experience of reality in childhood schizophrenia.* Madison, CT: International Universities Press.

Descartes, R. 1989a. *Discourse on method.* Buffalo, NY:

Prometheus Books. Original edition 1637.

_____. 1989b. *Meditations.* Buffalo, NY: Prometheus Books. Original edition 1641.

Dilthey, W. 1989. *Introduction to the human sciences.* Translated by M. Neville et al. Princeton: Princeton University Press. Original edition 1883.

Duke, P., and G. Hochman. 1992. *A brilliant madness.* New York: Bantam Books.

Fairbairn, W. R. D. 1952. *Psychoanalytic studies of the personality.* London: Routledge and Kegan Paul.

Federn, P. 1952. *Ego psychology and the psychoses.* Edited by E. Weiss. New York: Basic Books.

Fosshage, J. L. 1989. The developmental function of dreaming mentation: Clinical implications. In A. Goldberg, ed., *Dimensions of self experience: Progress in self psychology,* vol. 5, pp. 3–11. Hillsdale, NJ: Analytic Press.

Frank, M. 1991. *Selbstbewusstsein und selbsterkenntnis* (Self-consciousness and self-knowledge). Stuttgart, Germany: Reclam.

_____. 1992. *Stil in der philosophie* (Style in philosophy). Stuttgart, Germany: Reclam.

Freud, S. 1953. The interpretation of dreams. In J. Strachey, ed. and trans., *The standard edition of the complete psychological works of Sigmund Freud,* vols. 4 and 5, pp. 1–627. London: Hogarth Press. Original edition 1900.

_____. 1957. The unconscious. In J. Strachey, ed. and trans., *The standard edition of the complete psychologi-*

cal works of Sigmund Freud, vol. 14, pp. 159–215. London: Hogarth Press. Original article 1915.

———. 1961a. The ego and the id. In J. Strachey, ed. and trans., *The standard edition of the complete psychological works of Sigmund Freud,* vol. 19, pp. 3–66. London: Hogarth Press. Original edition 1923.

———. 1961b. The loss of reality in neurosis and psychosis. In J. Strachey, ed. and trans., *The standard edition of the complete psychological works of Sigmund Freud,* vol. 19, pp. 183–187. London: Hogarth Press. Original article 1924.

———. 1961c. Neurosis and psychosis. In J. Strachey, ed. and trans., *The standard edition of the complete psychological works of Sigmund Freud,* vol. 19, pp. 149–153. London: Hogarth Press. Original article 1924.

———. 1964. New introductory lectures on psychoanalysis. In J. Strachey, ed. and trans., *The standard edition of the complete psychological works of Sigmund Freud,* vol. 22, pp. 1–182. London: Hogarth Press. Original edition 1933.

Friedman, L. 1999. Why is reality a troubling concept? *Journal of the American Psychoanalytic Association* 47:401–425.

Fromm-Reichman, F. 1954. An intensive study of twelve cases of manic-depressive psychosis. In *Psychoanalysis and psychotherapy: Selected papers,* pp. 227–274. Chicago: University of Chicago Press.

Gadamer, H.-G. 1991. *Truth and method.* 2nd ed. Translated by J. Weinsheimer and D. Marshall. New York: Crossroads. Original edition 1975.

Gaukroger, S. 1995. *Descartes: An intellectual biography.* Oxford: Oxford University Press.

Gendlin, E. T. 1988. *Befindlichkeit: Heidegger and the philosophy of psychology.* In K. Hoeller, ed., *Heidegger and Psychology,* pp. 43–71. Seattle: *Review of Existential Psychology and Psychiatry.*

Gerson, S. 1995. The analyst's subjectivity and the relational unconscious. Paper presented at the spring meeting of the Division of Psychoanalysis, American Psychological Association, Santa Monica, California.

Ghent, E. 1992. Foreword. In N. J. Skolnick and S. C. Warshaw, eds., *Relational perspectives in psychoanalysis,* pp. xiii–xxii. Hillsdale, NJ: Analytic Press.

Gill, M. M. 1982. *Analysis of transference.* Vol. 1. Madison, CT: International Universities Press.

———. 1994. Heinz Kohut's self psychology. In A. Goldberg, ed., *A decade of progress: Progress in self psychology,* vol. 10, pp. 197–211. Hillsdale, NJ: Analytic Press.

Gump, J. 2000. Social reality as an aspect of subjectivity: Outing race in the therapeutic space. Paper presented at the conference Motivation and Spontaneity: Celebration in Honor of Joseph D. Lichtenberg, M.D., Washington, DC, October.

Habermas, J. 1987. *Knowledge and human interests.*

Translated by J. Shapiro. Cambridge: Polity Press. Original edition 1971.

Hamilton, V. 1993. Truth and reality in psychoanalytic discourse. *International Journal of Psycho-Analysis* 74:63–79.

Hegel, G. 1977. *The phenomenology of spirit*. Translated by A. Miller. Oxford: Oxford University Press. Original edition 1807.

Heidegger, M. 1962. *Being and time*. Translated by J. Macquarrie and E. Robinson. New York: Harper and Row. Original edition 1927.

Herman, J. 1992. *Trauma and recovery*. New York: Basic Books.

Hoffman, I. Z. 1983. The patient as interpreter of the analyst's experience. *Contemporary Psychoanalysis* 19:389–422.

Husserl, E. 1962. *Ideas: An introduction to pure phenomenology*. Translated by W. B. Gibson. New York: Collier. Original edition 1931.

_____. 1970. *The crisis of European sciences and transcendental phenomenology*. Translated by D. Carr. Evanston, IL: Northwestern University Press. Original edition 1936.

James, W. 1975. Philosophical conceptions and practical results. In *Pragmatism*. Cambridge: Harvard University Press. Original article 1898.

Jamison, K. R. 1995. *An unquiet mind*. New York: Alfred A. Knopf.

Jones, J. 1995. *Affects as process.* Hillsdale, NJ: Analytic Press.

Jung, C. G. 1965. The psychology of dementia praecox. In *The psychogenesis of mental disease: The collected works of C. G. Jung,* vol. 3, pp. 1–152. New York: Bollingen Foundation. Original edition 1907.

Kernberg, O. F. 1975. *Borderline conditions and pathological narcissism.* Northvale, NJ: Jason Aronson.

_____. 1976. *Object relations theory and clinical psychoanalysis.* Northvale, NJ: Jason Aronson.

Klein, M. 1950a. A contribution to the psychogenesis of manic-depressive states. In *Contributions to psychoanalysis 1921–1945,* pp. 282–310. London: Hogarth Press. Original article 1934.

_____. 1950b. *Contributions to psycho-analysis 1921–1945.* London: Hogarth Press.

Kohut, H. 1971. *The analysis of the self.* Madison, CT: International Universities Press.

_____. 1977. *The restoration of the self.* Madison, CT: International Universities Press.

_____. 1978. Introspection, empathy, and psychoanalysis. In P. Ornstein, ed., *The search for the self,* vol. 1, pp. 205–232. Madison, CT: International Universities Press. Original article 1959.

_____. 1980. Reflections on advances in self psychology. In A. Goldberg, ed., *Advances in self psychology,* pp. 473–554. Madison, CT: International Universities Press.

_____. 1982. Introspection, empathy, and the semicircle of mental health. *International Journal of Psycho-Analysis* 63:395–407.

_____. 1984. *How does analysis cure?* Edited by A. Goldberg and P. Stepansky. Chicago: University of Chicago Press.

_____. 1991. *The search for the self.* Vol. 4. Edited by P. Ornstein. Madison, CT: International Universities Press.

Laing, R. D. 1959. *The divided self.* London: Tavistock Publications.

Leary, K. 1994. Psychoanalytic "problems" and post-modern "solutions." *Psychoanalytic Quarterly* 63:433–465.

Leider, R. 1990. Transference: Truth and consequences. In A. Goldberg, ed., *The realities of transference: Progress in self psychology,* vol. 6, pp. 11–22. Hillsdale, NJ: Analytic Press.

Lichtenberg, J. 1989. *Psychoanalysis and motivation.* Hillsdale, NJ: Analytic Press.

Lyotard, J.-F. 1984. *The postmodern condition: A report on knowledge.* Manchester, England: Manchester University Press.

Margulies, A. 2000. Commentary. *Journal of the American Psychoanalytic Association* 48:72–79.

Maroda, K. 1991. *The power of countertransference.* Northvale, NJ: Jason Aronson.

May, R., E. Angel, and H. Ellenberger, eds. 1958. *Existence.* New York: Basic Books.

Merleau-Ponty, M. 1962. *The phenomenology of perception.* New York: Humanities Press. Original edition 1945.

Mitchell, S. A. 1988. *Relational concepts in psychoanalysis: An integration.* Cambridge: Harvard University Press.

Nagel, T. 1986. *The view from nowhere.* New York and Oxford: Oxford University Press.

Nietzsche, F. 1973. *Beyond good and evil.* Harmondsworth and New York: Penguin Books. Original edition 1886.

Ogden, T. 1994. *Subjects of analysis.* Northvale, NJ: Jason Aronson.

Orange, D. M. 1995. *Emotional understanding: Studies in psychoanalytic epistemology.* New York: Guilford Press.

_____. 1996. A philosophical inquiry into the concept of desire in psychoanalysis. *Psychoanalysis and Psychotherapy* 13:122–129.

_____. 2000. Book review of *The Chicago Institute lectures* by H. Kohut. *Psychoanalytic Psychology* 17:420–431.

_____. 2002a. Antidotes and alternatives: Perspectival realism and the new reductionism. *Psychoanalytic Psychology* 19: in press.

_____. 2002b. There is no outside: Empathy and authenticity in psychoanalytic process. *Psychoanalytic Psychology* 19: in press.

_____. 2002c. Why language matters to psychoanalysis. *Psychoanalytic Dialogues* 12: in press.

Orange, D. M., G. E. Atwood, and R. D. Stolorow. 1997. *Working intersubjectively: Contextualism in psychoanalytic practice.* Hillsdale, NJ: Analytic Press.

Peirce, C. 1878. How to make our ideas clear. *Popular Science Monthly* 12:286–302.

_____. 1931–1935. *The collected papers of Charles Sanders Peirce*. Edited by C. Hartshorne and P. Weiss. Cambridge: Harvard University Press. Original edition 1905.

Piaget, J. 1974. *The place of the sciences of man in the system of sciences*. New York: Harper and Row. Original edition 1970.

Putnam, H. 1990. *Realism with a human face*. Cambridge: Harvard University Press.

Renik, O. 1993. Analytic interaction: Conceptualizing technique in light of the analyst's irreducible subjectivity. *Psychoanalytic Quarterly* 62:553–571.

_____. 1999. Remarks. Commentary given at the PEP CD-ROM Symposium on the Analytic Hour: Good, Bad, and Ugly, New York, February.

Rorty, R. 1989. *Contingency, irony, and solidarity*. Cambridge: Cambridge University Press.

Sander, L. 1985. Toward a logic of organization in psychobiological development. In H. Klar and L. Siever, eds., *Biologic Response Styles*, pp. 20–36. Washington, DC: American Psychiatric Association.

Sandler, J., and B. Rosenblatt. 1962. The concept of the representational world. *The Psychoanalytic Study of the Child* 17:128–145.

Sands, S. 1997. Self psychology and projective identification—Whither shall they meet? *Psychoanalytic Dialogues* 7:651–668.

Schafer, R. 1972. Internalization: Process or fantasy? *The Psychoanalytic Study of the Child* 27:411–436.

Scharfstein, B. 1980. *The philosophers: Their lives and the nature of their thought.* Oxford: Oxford University Press.

Schutz, A. 1970. *Reflections on the problem of relevance.* New Haven: Yale University Press.

Searles, H. 1965. *Collected papers on schizophrenia and related subjects.* London: Hogarth Press.

Shane, M., E. Shane, and M. Gales. 1997. *Intimate attachments: Toward a new self psychology.* New York: Guilford Press.

Siegel, D. J. 1999. *The developing mind.* New York: Guilford Press.

Slavin, M. 2002. Post-Cartesian thinking and the dialectic of doubt and belief in the treatment relationship. *Psychoanalytic Psychology* 19:307–323.

Socarides, D. D., and R. D. Stolorow. 1984–1985. Affects and selfobjects. *Annual of Psychoanalysis* 12/13:105–119.

Stern, D. B. 1997. *Unformulated experience: From dissociation to imagination in psychoanalysis.* Hillsdale, NJ: Analytic Press.

Stern, D. N. 1985. *The interpersonal world of the infant.* New York: Basic Books.

Stern, S. 1994. Needed relationships and repeated relationships: An integrated relational perspective. *Psychoanalytic Dialogues* 4:317–349.

Stolorow, R. D. 1974. A neurotic character structure built

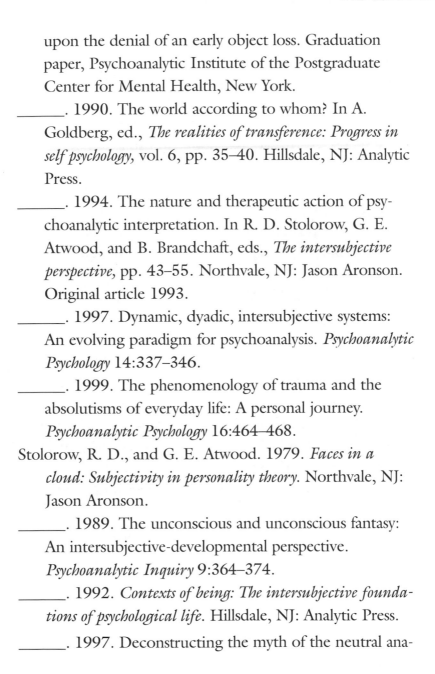

upon the denial of an early object loss. Graduation paper, Psychoanalytic Institute of the Postgraduate Center for Mental Health, New York.

_____. 1990. The world according to whom? In A. Goldberg, ed., *The realities of transference: Progress in self psychology*, vol. 6, pp. 35–40. Hillsdale, NJ: Analytic Press.

_____. 1994. The nature and therapeutic action of psychoanalytic interpretation. In R. D. Stolorow, G. E. Atwood, and B. Brandchaft, eds., *The intersubjective perspective*, pp. 43–55. Northvale, NJ: Jason Aronson. Original article 1993.

_____. 1997. Dynamic, dyadic, intersubjective systems: An evolving paradigm for psychoanalysis. *Psychoanalytic Psychology* 14:337–346.

_____. 1999. The phenomenology of trauma and the absolutisms of everyday life: A personal journey. *Psychoanalytic Psychology* 16:464–468.

Stolorow, R. D., and G. E. Atwood. 1979. *Faces in a cloud: Subjectivity in personality theory*. Northvale, NJ: Jason Aronson.

_____. 1989. The unconscious and unconscious fantasy: An intersubjective-developmental perspective. *Psychoanalytic Inquiry* 9:364–374.

_____. 1992. *Contexts of being: The intersubjective foundations of psychological life*. Hillsdale, NJ: Analytic Press.

_____. 1997. Deconstructing the myth of the neutral analyst: An alternative from intersubjective systems theory. *Psychoanalytic Quarterly* 66:431–449.

Stolorow, R. D., G. E. Atwood, and B. Brandchaft. 1994. Epilogue. In R. D. Stolorow, G. E. Atwood, and B. Brandchaft, eds., *The intersubjective perspective,* pp. 203–209. Northvale, NJ: Jason Aronson.

Stolorow, R. D., G. E. Atwood, and J. M. Ross. 1978. The representational world in psychoanalytic therapy. *International Review of Psycho-Analysis* 5:247–256.

Stolorow, R. D., B. Brandchaft, and G. E. Atwood. 1987. *Psychoanalytic treatment: An intersubjective approach.* Hillsdale, NJ: Analytic Press.

Stolorow, R. D., and F. M. Lachmann. 1975. Early object loss and denial: Developmental considerations. *Psychoanalytic Quarterly* 44:596–611.

Sucharov, M. 1994. Psychoanalysis, self psychology, and intersubjectivity. In R. D. Stolorow, G. E. Atwood, and B. Brandchaft, eds., *The intersubjective perspective,* pp. 187–202. Northvale, NJ: Jason Aronson.

Sullivan, H. S. 1950. The illusion of personal individuality. *Psychiatry* 13:317–332.

_____. 1953. *The interpersonal theory of psychiatry.* New York: Norton.

Tausk, V. 1917. On the origin of the influencing machine in schizophrenia. *Psychoanalytic Quarterly* 2:519–556.

Taylor, C. 1989. *Sources of the self: The making of the modern identity.* Cambridge: Harvard University Press.

Thelen, E. 1989. Self-organization in developmental processes: Can systems approaches work? In M.

Gunnar and E. Thelen, eds., *Systems in development: The Minnesota symposia in child psychology,* vol. 22, pp. 77–117. Hillsdale, NJ: Lawrence Erlbaum Associates.

Thelen, E., and L. Smith. 1994. *A dynamic systems approach to the development of cognition and action.* Cambridge: MIT Press.

Toulmin, S. 1990. *Cosmopolis.* Chicago: University of Chicago Press.

Wasserman, M. 1999. The impact of psychoanalytic theory and a two-person psychology on the empathizing analyst. *International Journal of Psycho-Analysis* 80:449–464.

Winnicott, D. W. 1958a. *Collected papers: Through paediatrics to psychoanalysis.* New York: Basic Books.

_____. 1958b. The manic defense. In *Collected papers: Through paediatrics to psychoanalysis,* pp. 129–144. New York: Basic Books. Original article 1935.

_____. 1965. *The maturational processes and the facilitating environment.* Madison, CT: International Universities Press.

_____. 1971. The use of an object and relating through identifications. In *Playing and reality,* pp. 86–94. New York: Basic Books. Original article 1969.

Wittgenstein, L. 1953. *Philosophical investigations.* New York: Macmillan.

_____. 1958. *The blue and brown books: Preliminary studies for the "philosophical investigations."* New York: Harper and Row.

_____. 1961. *Tractatus logico-philosophicus.* Atlantic

Highlands, NJ: Humanities Press. Original edition 1921.

Zeddies, T. 2000. Within, outside, and in between: The relational unconscious. *Psychoanalytic Psychology* 17:467–487.

【附錄二】英文索引

編按：附錄所標示之數字為原文書頁碼，查閱時請對照貼近內文左右側之原文頁碼。

治・伽達默　28, 47, 75, 101, 108, 111, 113-114, 126

- Gales, Mary　瑪莉・蓋爾斯　84
- Galileo　伽利略　26
- Gaukroger, Stephen　史蒂芬・高克羅格　6
- Gerson, Samuel　山繆爾・格爾森　47
- Ghent, Emmaneul　伊曼紐爾・根特　93, 96
- Gill, Merton　莫頓・吉爾　73
- God　上帝　23, 86, 153-158
- Guilt　愧疚　52-53, 136
- Gump, Janice　珍妮斯・岡普　115

H

- Habermas, Jürgen　尤根・哈伯瑪斯　86, 111, 113, 115
- Hallucinations　幻覺　162-163, 165-166
- Hamilton, Victoria　維多莉亞・漢密爾頓　109
- Happiness　快樂　6-7, 8
- Hegel, Georg Wilhelm　喬治・威廉・黑格爾　23, 85, 86-87
- Heidegger, Martin　馬丁・海德格　1, 9-10, 19, 32, 33, 39, 110, 123
- Hoffman, Irwin　艾溫・霍夫曼　82
- *How Does Analysis Cure?*　《精神分析治癒之道》　74
- Hume, David　大衛・休謨　23
- Husserl, Edmund　艾德蒙・胡塞爾　33, 111
- Huygens, Constantijn　康斯坦丁・惠更斯　8

I

- Ideas, representational theory of,　觀念，表徵理論的　30, 37-38
- Identification, projective　認同，投射性的　88-94
- Inner and outer realities　內在與外在現實　25-26, 34-35
- Instinct theory　本能理論　27
- Interpersonal psychoanalysis　人際精神分析　79-80
- Interpretation and understanding　詮釋與理解　126
- Intersubjectivity theory　互為主體性理論　9-11, 21-22, 29, 59, 68
  - of annihilation　灰飛煙滅的一　149-158
  - concept of world in　在一中的世界觀　31-32
  - and intersubjective perspective　一和互為主體視角　102
  - and mutual recognition　一和互相認可　84-88
  - and psychoanalysis　一和精神分析　10-11, 31-32, 68-70, 86-88, 117
  - and psychological disorder　一和心理疾患　140-141
  - and self-reflexivity　一和自體反身性　117-118
- Intrapsychic determinism　心靈內在決定論　69, 102-103
- Invasion and attachment　侵入和依附　130, 132-133
- Isolation, self-enclosed　隔離，自我封存式的　21-23, 35, 139

R

Psychotherapy 056

體驗的世界：精神分析的哲學和臨床雙維度
Worlds of Experience: Interweaving Philosophical and
Clinical Dimensions in Psychoanalysis

著—羅伯‧史托羅洛（Robert D. Stolorow）、喬治‧艾特伍（George E. Atwood）、
唐娜‧奧蘭治（Donna M. Orange） 譯—吳佳佳

出版者—心靈工坊文化事業股份有限公司
發行人—王浩威　總編輯—徐嘉俊
責任編輯—裘佳慧　特約編輯—陳民傑
內文排版—龍虎電腦排版股份有限公司
通訊地址—106 台北市信義路四段 53 巷 8 號 2 樓
郵政劃撥—19546215　戶名—心靈工坊文化事業股份有限公司
電話—02）2702-9186　傳真—02）2702-9286
Email—service@psygarden.com.tw　網址—www.psygarden.com.tw

製版‧印刷—彩峰造藝印像股份有限公司
總經銷—大和書報圖書股份有限公司
電話—02）8990-2588　傳真—02）2290-1658
通訊地址—242 新北市新莊區五工五路 2 號（五股工業區）
初版一刷—2021 年 12 月　ISBN—978-986-357-225-1　定價—420 元

國家圖書館出版品預行編目資料

體驗的世界：精神分析的哲學和臨床雙維度 / 羅伯‧史托羅洛（Robert D. Stolorow）、
喬治‧艾特伍（George E. Atwood）、唐娜‧奧蘭治（Donna M. Orange）著；吳佳佳
譯 . -- 初版 . -- 臺北市：心靈工坊文化事業股份有限公司，2021.12
　面；　公分 . --（Psychotherapy；056）
　譯自：Worlds of Experience: Interweaving Philosophical and Clinical Dimensions in
Psychoanalysis
　ISBN 978-986-357-225-1（平裝）

　1. 精神分析學

175.7　　　　　　　　　　　　　　　　　　　　　　　　　110018489